金融システムの行動ゲーム理論
－バブルと危機－

松島 斉

三菱経済研究所

はじめに

　本書は，筆者による以下の学術論文の内容の一部をわかりやすく解説し，新たな視点を提示するものである．

Hitoshi Matsushima（2013）: "Behavioral Aspects of Arbitrageurs in Timing Games of Bubbles and Crashes," Journal of Economic Theory 148, 858-870.
Hitoshi Matsushima（2018a）: "Timing Games with Irrational Types: Leverage-Driven Bubbles and Crash-Contingent Claims," Discussion Paper, University of Tokyo, CARF-F-439.
Hitoshi Matsushima（2018b）: "Bank Runs and Minimum Reciprocity," Discussion Paper, University of Tokyo, CARF-F-447.

　本書の目的は，金融システムが本源的に不安定性要因を抱えていることについて，ゲーム理論的な（および行動ファイナンス的な）考察を与えることである．金融システムをよりよく理解するには，金融システムに参加する投資家や資金調達者，金融仲介業者，預金者といった様々な役回りの当事者がどのように戦略的思考を実践するかについて，ていねいに考察することが重要になる．ゲーム理論を使って，プレーヤーの戦略的思考を解明する本書のアプローチは，以下にリストアップされた多様な視点の考察によって構成される．

1) 利害が一致していない合理的なプレーヤーが複数存在していて，かれら（彼女ら）は，戦略的相互依存関係にあることを十分に考慮した上で，戦略的思考を駆使して，最適な戦略を決定している．
2) プレーヤーは，時には合理的ではなく，戦略的相互依存関係にあることに無頓着になる可能性がある．よって，合理的なプレーヤーは，他のプレー

ヤーがこのように非合理的である可能性があることを考慮して，そのことを合理的に読み込んで，最適な戦略を決定している．

3) 金融システムには，(ほぼ確実に) 合理的であるプレーヤー以外にも，(ほぼ確実に) 合理的ではなく，戦略的相互依存関係にあることに無頓着であり，証券価格の決まり方などについてまちがった推論をしている，ナイーブな心理的バイアスに支配された多数の参加者が存在している．

4) 合理的なプレーヤーは，そのような合理的でない参加者の心理的バイアスを利用して，自身の利益を上げようと画策している．

5) 合理的なプレーヤーは，戦略決定の際に，単に自身の利己的，金銭的動機だけではなく，互恵性などの社会的選好に代表される，非利己的動機にも影響を受けている．

6) 金融システムの安定性の達成のために望ましいとされる政策や制度設計，契約設計の在り方は，合理性のみならず，非合理性，心理的バイアス，非利己的動機の在り方にも依存している．

　本書において，金融システムの参加者には，合理的なプレーヤーだけでなく，行動経済学的見地から非合理的であるとされる者も大勢存在していることが明示的に扱われる．そのため，本書のゲーム理論は，「行動ゲーム理論 (Behavioral Game Theory)」という範疇に属する．行動ゲーム理論という研究分野においては，一般的に，実験経済学などによって合理性の検証と行動バイアスの在り方を精査していく作業が大きなシェアを占めてきている[1]．しかし本書は，行動経済学的仮説を具体的に与えて，その論理的帰結を解析的に明らかにすることを主眼とする[2]．

　このような行動ゲーム理論的アプローチによって，本書は，金融システムの不安定性を代表する2つの現象である「バブル」と「金融危機」について，各々独立の章を設けてモデル分析する．

　第1章は，株式市場の「バブル (Bubbles)」を，「タイミング・ゲーム (Timing

---

[1] Camerer (2003) などを参照されたい．
[2] 関連する論文や書籍としては，Köszegi, B. (2014)，Spiegler (2011) などがある．

Game, Preemption Game, あるいは Arm Race)」としてモデル化し, バブルがどのように長期にわたって持続するかを分析する. 複数の, 高い確率で合理的であると想定される投機的投資家(あるいはアービトレージャー)が, バブルをクラッシュさせるタイミングをめぐって競い合っている. もし投機的投資家が疑いなく合理的であるならば, バブルは発生しても早期にクラッシュして, 長期的に持続することはないと結論付けることができる. しかし, 投機的投資家がいくばくか非合理的である疑いがある場合には, バブルが長く持続し拡大することを, 一意のナッシュ均衡として説明することができる.

このことは, 実験経済学でおなじみの簡易モデルである「ムカデ・ゲーム (Centipede Game)」に類似した性質である. ムカデ・ゲームのプレーヤーたちは, 競争関係にあるために, 潜在的に高い利得を獲得する機会を逃してしまうというジレンマに直面している. しかし, プレーヤーの非合理性を考慮すると, いわゆる「評判効果 (Reputation Effect)」が生じて, 両プレーヤーが高い利得を享受することができるようになることが, 理論的に説明できる. このことは, ムカデ・ゲームについての経済学実験によってたびたび観察されることでもある[3]. そのため, ムカデ・ゲームは, バブルを極端に簡素化した有用なモデル化の仕方のひとつと理解されている. また, Abreu and Brunnermeier (2003) は, 本書におけるタイミング・ゲームと非常に類似しているが, このような評判効果を考慮していない分析である.

タイミング・ゲームをバブルのモデルとして解釈する際には, 暗黙に, 非合理的な「モメンタム投資家 (Momentum Traders, Positive Feedback Traders, Noise Traders)」が, 投機的投資家とは別に大勢存在していて, モメンタム投資家たちがもっている心理的バイアスによってバブルが発生することが仮定される. 本書の第1章は, モメンタム投資家の心理的バイアスの程度が大きい場合には, 発生したバブルは長期的に継続されていくことを説明する.

さらに重要な指摘として, たとえモメンタム投資家の心理的バイアスが小さいとしても, バブル企業が増資することによってその規模を拡大しようと計画し, 投機的投資家が増資分を借り入れによって購入し続けることができ

---

[3] Luce and Raiffa (1957), Rosenthal (1981), Kreps et al. (1982), Kreps and R. Wilson (1982) などを参照されたい. また, 松島 (2018, 第1章第10節) も参照されたい.

るならば，やはりバブルは長期的に継続されることが説明される．

バブル企業が増資によって集められた資金を非生産的な用途に活用するため，このようなバブルは社会的に実害がある現象ととらえられる．投機的投資家は，借入によって増資分を購入するので，借り入れ規制つまり「レバレッジ（Leverage）」の制限が緩いほど，このようなバブルは長期的に持続し，しかも社会的に実害のある仕方で拡大していくことになる．

有害なバブルが長期的に持続した実際の事例では，金融仲介機関が高いレバレッジを武器に，戦略的でない，余剰資金を抱えた不特定多数のモメンタム投資家から資金を集めて，バブル資産への投資を促進していたこと，つまりバブルが「レバレッジ駆動型（Leverage-Driven）」である可能性が高いことが指摘されている．1929年にアメリカで発生した大恐慌の直前まで，住宅市場と金融市場において極端な好景気が続いていたが，それはレバレッジ駆動型バブルである．1990年代以降の日本におけるいわゆる「失われた20年」は，やはり住宅市場と金融市場を中心にレバレッジ駆動型バブルが発生し長期にわたって継続したことが影響している．2000年代初頭のアメリカにおける金融危機もまた，住宅および金融市場のバブルによって引き起こされたものである．新しい金融商品開発などの技術的発展によって，複雑な仕方でレバレッジ駆動型バブルが拡大成長していったと考えられている．

このように，現実的に深刻な影響を及ぼしたバブルの背景には，高いレバレッジによる信用拡大があった．本書第1章は，レバレッジ駆動型バブルに行動ゲーム理論的な基礎を提供する試みであり，レバレッジ規制の緩和が，たとえ心理的バイアスの程度が低くても，社会的に実害のあるバブルの長期化と拡大を誘発することを説明するものである．

第2章は，金融仲介システムにおける「危機（Crises）」を行動ゲーム理論的に説明する．危機は，潜在的に高い収益性の機会がありながら，金融システムが適切に資金を提供することができない現象である．バブル同様，危機には，多様な定義と理論が存在している．本書第2章は，その中でも，「取り付け（Bank Runs）」と称される現象にフォーカスを当てて，その代表的な理論であるDiamond and Dybvig（1983）のモデルを批判的に検討する．

銀行に代表される金融仲介業は，貸し手と借り手間に不可避的に存在する，「流動性のミスマッチ（Liquidity Mismatch）」と称される，金融システムに内在する不安定要因の中に，収益の源泉を見出そうとするビジネスモデルである．Diamond and Dybvigは，このような金融仲介のビジネスモデルの仕組みを，複数の預金者間で繰り広げられる「調整ゲーム（Coordination Game）」としてモデル化した．このモデルには複数のナッシュ均衡が存在していて，そのひとつが，大勢の預金者が満期前に預金の引き出しを要求する「取り付け」である．

　複数のナッシュ均衡の中に取り付けが1つでも存在すると，取り付け騒ぎが，極些細なことがきっかけで発生することも考慮しなければならない．たとえば，ジュリー・アンドリュース主演のディズニー映画「メリー・ポピンズ」では，親子の些細なトラブルから，取り付け騒ぎが起きて，銀行が大混乱に陥るさまが描かれている．本書第2章は，このように取り付けが誘発されるナッシュ均衡の実現性を適切な仕方で排除することができるケースについて，行動ゲーム理論的に解明していくことを目的とする．

　我々は，預金者が，単に自身の利己的，金銭的動機だけでなく，「銀行経営の健全性に対する互恵的動機」にも影響を受けることを明示的に考慮することになる．銀行経営が健全であれば預金引き出しを控えたいとする，銀行に協力的な動機をもつが，そうでなければ逆に引き出しを増やしたいとする，銀行に非協力的な動機をもつことを仮定するのである．もっとも，このような互恵的動機は非常に限られた範囲でのみ機能するものである．つまり，互恵的動機はあくまで金銭的動機に辞書式選好の意味において準じる程度の動機であるとされる．そのため我々は，「最小互恵性（Minimum Reciprocity）」のみを，非金銭的動機として考慮することになる．

　このように非常に弱い意味でしか非金銭的動機を考慮しないにもかかわらず，本書第2章は，最小互恵性と整合的なナッシュ均衡は，銀行経営が健全である場合には取り付けが発生しないナッシュ均衡に，銀行経営が不健全である場合には取り付けが発生するナッシュ均衡に，一致するようになることを理論的に証明する．このような銀行経営の健全性に依存した均衡一意性の性質のため，銀行は健全な経営に努めるインセンティブをもつようになる．

預金者もまた，銀行経営をきちんとモニターするインセンティブを持つようになる．つまり，伝統的に実施されてきたような，外部からの政策措置である「預金者保護」，「預金保険」，「引き出し猶予」などに頼らなくても，取り付けという危機を適切な仕方で排除することができるのである．

我々はさらに預金契約の設計についても，新しいビジョンを提供することになる．銀行は，預金者を平等に扱うのではなく，取り付けなどの際に，あらかじめ定められた「優先順位（Priority）」にしたがって支払い要求に応じるとする契約設計が提案されるのである．優れた預金契約の在り方は，非金銭的動機の在り方に本質的に依存して決まる．そうすることによって，非金銭的動機をうまく活用することができ，よりよい金融仲介ビジネスが成り立つことになるのである．

20世紀前半のアメリカにおける大恐慌において銀行の取り付けが発生して以降，グラス・スティーガル法の整備などによって，外部から預金者を保護する制度設計が世界的に普及していった．にもかかわらず，1970年代後半のS&L危機などに見られるように，その後も金融仲介機関のモラルハザードが発生し，近年にもイギリスにおけるノーザン・ロックで取り付け騒ぎが起きた．よって，外部からの保護政策以外に，取り付けに代表される金融システム危機の解決について，さらなる新しい視点からの取り組みが必要なのである．本書第2章の主眼はここにある．

本書の執筆に際して，公益財団法人三菱経済研究所の吉峯寛副理事長，ならびに滝村竜介常務理事から貴重なアドバイスと温かい励ましをいただいた．特に，滝村さんは草稿に目を通され，原稿を毅然とするための建設的なコメントをしていただいた．心から感謝したい．

2019年1月

松島　斉

目次

第1章　バブル　　1
- 1.1　序文　　1
- 1.2　タイミング・ゲーム　　3
- 1.3　プレーヤーの非合理性　　4
- 1.4　均衡の存在と一意性　　6
- 1.5　バブルとクラッシュ　　8
- 1.6　レバレッジ駆動型バブル　　11

第2章　危機　　19
- 2.1　序文　　19
- 2.2　簡略化されたモデル　　21
- 2.3　政策と限界　　24
- 2.4　部分的な引き出し　　25
- 2.5　優先順位　　27
- 2.6　預金者の社会的選好　　28
- 2.7　一般的な定式化　　30
  - 2.7.1　モデル　　31
  - 2.7.2　優先順位付き預金契約　　33
  - 2.7.3　複数均衡　　35
  - 2.7.4　最小互恵性　　36
- 2.8　遂次的な引き出しと取り置き　　39

最後に　　43

数学付録　　45

参考文献　　48

第1章

バブル

1.1 序文

　第1章は，ある非生産的な企業の株式市場を，複数の投機的投資家（あるいはアービトレージャー）間の「早い者勝ちレース」としてモデル化する．株式市場においてバブルが発生し，それが長期間持続する可能性について，投機的投資家間の戦略的相互依存の観点から，理論的基礎を提供する．考察されるモデルは，以下に説明されるように，二人の果実採取人が果実を相手よりも先に採取しようと競争する状況に例えられる．本章は，バブルを，このたとえに沿った簡易なゲーム理論のモデルによって考察するものである．

　ある果実があって，初期時点0から出発して，連続的に時間が経過するにつれて，それが徐々に熟していくとする．しかし，臨界時点1を過ぎるとその果実は腐ってしまう．したがって，腐る直前に，つまり臨界時点1に達する直前に，果実を採取するのが望ましい．しかし，果実採取人は2人いて，お互いにライバル関係にある．つまり2人は，果実を相手よりも先に採取するチャンスを虎視眈々と狙っている．

　ライバルよりも先に採取しなければ何も得られない．そのため，果実が十分に熟しきるより前に採取しなければならなくなる．こうして，この果実採取問題は「早い者勝ちレース」の様相を呈することになる．つまり，半熟のまま果実が摘み取られる恐れがでてくるのである．

　このような早い者勝ちレースは，株式市場のバブルとして，以下のように解釈することができる．果実をバブル，採取人を投機的投資家，果実採取を「保有する株を売却して利ざやを稼ぐ」と読み替えるならば，この早い者勝ちレースは，バブルとクラッシュをめぐる投機的投資家間の戦略的相互依存

関係としてとらえることができる．

　バブルにおける株価は，臨界時点1に達するまで徐々に上昇していく．しかし臨界時点1を超えると，以下のようにバブルは突然クラッシュ（暴落）する．臨界時点1に達すると，企業の業容についての不都合な情報が公になる．そのため，現状の株価が企業のファンダメンタルズ（本来の価値）を反映しておらず，大きく上回っている，つまり，今までにバブルが起きていたことが，市場関係者全員に知れわたってしまう．この情報の漏洩によって，人々の熱狂は瞬時に覚め，バブルはまるで果実が落下するかのように暴落するのである．

　そこで投機的投資家は，バブルがクラッシュする前に自身の保有株を売却できれば，高い利得を確定できると考えるようになる．しかし，ライバルが先に売却してしまうと，この売却のプレッシャーのために，たとえ臨界時点1に達するよりもかなり前であっても，市場関係者はみな今までの株価がファンダメンタルズを正しく反映していなかったことに気付いてしまう．この場合には，バブルは，臨界時点1を待たずにクラッシュすることになる．こうして，投機的投資家間で，バブル売却のタイミングをめぐって早いもの勝ちレースが展開されるのである．

　早い者勝ちレースをこのように解釈すると，大きなバブルが発生するような，潜在的に不安定な株式市場であっても，投機的投資家間の競争のために，早期に裁定取引が成立してしまい，そのため，バブルはたとえ発生しても長くは持続できないという結論になる．

　本章は，このような早い者勝ちレースの解釈を修正して，投機的投資家が上述したような競争関係にあるにもかかわらず，バブルが長期的に持続可能になるケースを考察し，その理論的根拠を示すことを目的とする．本章は，Matsushima (2013, 2018a) の内容の一部を簡潔に説明し，新たな視点を提示するものである．一般に，バブル現象を説明する際には，裁定取引が制限されているなど，金融市場になんらかの摩擦（不完全性）が存在していることが不可欠な前提とされる（De Long et al 1990, Shleifer and Vishny 1992）．本章は，「制限された裁定取引（Limited Arbitrage）」を前提とする先行研究に新たな学術貢献を追加するものである．これ以外にも，OLG Models（Tirole

1985),Prior Heterogeneity(Harrison and Kreps 1978)など,様々な不完全市場のアプローチがバブル研究に存在している.しかし,本書ではその展望は省略する[4].

1.2 タイミング・ゲーム

上述した早い者勝ちレースによる例え話は,以下のように,「タイミング・ゲーム(Timing Game, Preemption Game, Arm Race)」としてゲーム理論的に定式化することができる.

2人の各プレーヤー$i \in \{1,2\}$は戦略集合$A_i = [0,1]$から戦略a_iを選択する.つまり,プレーヤーiは,果実を時点$a_i \in [0,1]$で採取する計画を立てる.より早い時点を選んだプレーヤーが勝者となり,実際に果実を採取することができる.時点$t \in [0,1]$において勝者になるプレーヤーの勝者利得を$v(t)>0$とする.勝者利得$v(t)$は正の実数であり,時間tの連続な増加関数である.つまり,時間を通じて,採取される果実の価値は高まっていくのである.

より遅い時点を選んだプレーヤー,つまり敗者は,果実を採取できないので,敗者利得ゼロを獲得する.もし両プレーヤーが同じ時点tを選択した場合には,ランダムに勝者と敗者が決定される.この場合の各プレーヤーの期待利得はともに$v(t)/2$である.

このように定義されたタイミング・ゲームでは,相手よりわずかでも早い時間を選択すれば,相手と同時あるいは相手より後の時点を選択するよりも,勝者になる確率が劇的に高められることになる.そのため,二人の関係は,前述した通り,早い者勝ちレースの様相を呈するのである.

もしこの早い者勝ちレースの特徴を十分に理解している「合理的な」プレーヤー同士が競い合うことが周知の事実(Common Knowledge)であるならば,このレースは激化して,どんどんタイミングは後ずさりして,結果的に,両プレーヤーともに初期時点0を選択するのが唯一のナッシュ均衡になることが確認できる.つまり,タイミング・ゲームにおいては,合理的プレーヤーを前提とする限り,果実は熟しはじめる前に早々に摘み取られてしまう

---

[4] Brunnermeier and Oehmke(2013),Tirole(2006)などを参照されたい.

運命にあるのだ．このことは，バブルが，合理的な投機的投資家間の競争によって，早々にクラッシュしてしまうことを意味する．

本章の以降の節において，投機的投資家の間で早い者勝ちレースに見立てられる戦略的駆け引きが想定される状況であっても，依然として投機的投資家は，バブルを即座にはクラッシュさせずに，バブルにしばらく乗じて，高値になってから売り抜けるのが得策であると判断する可能性があることを，理論的に解明していく．

1.3　プレーヤーの非合理性

本節以降は，初期時点0と臨界時点1における勝者利得には十分な差があるとして，

$$\varepsilon v(1) > v(0) \tag{1}$$

が成立していることを仮定する．前節までの説明では，各プレーヤーは，「相手プレーヤーは必ず合理的であり，早い者勝ちレースであることを十分認識している」と予想していることを前提としていた．しかし，現実的には，各プレーヤーは，「相手プレーヤーは，ある確率で非合理的であり，早い者勝ちレースには無頓着であり，私が果実の採取（あるいはバブルの売却）をスタートさせてから採取（売却）することを考えてもまだ遅くはない，と誤解している」と予想しているかもしれない．もし相手が本当にこのような意味で非合理的であれば，各プレーヤーは，臨界時点1まで待って採取（売却）しても，勝者利得の最高値$v(1)$を獲得することができるはずである．このことが，各プレーヤーが合理的であっても，あわててタイミングを選択するようなことはしないで，じっくり様子をうかがう態度をとるようになる原動力になる．

形式的には，各プレーヤーは，「相手プレーヤーは正の確率$\varepsilon \in (0,1]$で非合理的である」と予想しているとする．各プレーヤーiは，少なくとも，相手が非合理的である確率εで勝者利得$v(a_i)$を獲得することができる．相手が合理的である場合でも，$a_i < a_j (i \neq j)$であれば勝者利得$v(a_i)$を獲得でき，$a_i = a_j$であれば勝者利得$v(a_i)$を確率1/2で獲得できる．

実は，このように非合理性をゲーム理論的に考慮すると，相手プレーヤーが合理的な場合にどのタイミングを選択するかについて相互に完全予測できる状態は，もはやナッシュ均衡になりえないことが以下のように確認できる．

　もし $a_i = 1$ を選択して臨界時点1まで売却しないとすると，相手プレーヤーが非合理的な場合には必ず勝者になれるので，期待利得 $\varepsilon v(1)$ を稼ぐことができる．不等式(1)，および $v(t)$ が連続な増加関数であることから，

$$(2) \qquad v(\tilde{t}) = \varepsilon v(1)$$

をみたす「境界時点 $\tilde{t} \in (0, 1)$ 」が一意に存在する．この時，相手のタイミングの選択が境界時点 $\tilde{t}$ より前ならば，相手に先んじるよりも臨界時点1まで待った方が得になる．逆に，相手の選択が境界時点 $\tilde{t}$ より後ならば，相手に先んじるほうが臨界時点1まで待つよりも得になる．

　したがって，非合理性をともなう早い者勝ちレースでは，初期時点までタイミングが前倒しされることにはならず，境界時点 $\tilde{t}$ で折り返して循環してしまうのである．そのため，完全予測の範囲内では，ナッシュ均衡が存在しないという結論に達する．

　ナッシュ均衡分析を実りあるものにするには，合理的な場合の相手プレーヤーがどのタイミングの時点を選ぶかについて正確に予測することができない状況を，明示的に扱わなければならない．一般に，ゲーム理論は，社会において人々がどのように行動するかを理論的に明らかにする使命をもつ．しかし同時に，場合によってはそれが困難であることも念頭に置く必要がある．非合理性をともなうタイミング・ゲームはこの困難さを示す好例である．

　ならば，各プレーヤーは，相手プレーヤーが合理的である場合の選択に対して，確定的ではなく「確率的な」予想を立てるとしよう．確率的な戦略的選択のことを「混合戦略（Mixed Strategy）」と呼ぶ．各プレーヤーは，「相手がもし合理的ならばなんらかの混合戦略にしたがって選択する」と予想すると考えるのである．

　形式的には，各プレーヤー i の混合戦略は，区間 $A_i = [0, 1]$ 上の累積分布関

数 $q_i : A_i \to [0,1]$ として定義される．$q_i(a_i)$ は，プレーヤー i が時点 a_i ないしはそれ以前にタイミングを選択する確率を表している．関数 $q_i(a_i)$ は非減少，右連続であり，$q_i(1)=1$ とする．プレーヤー i の混合戦略全体の集合を Q_i と記す．

混合戦略プロファイル $q=(q_1,q_2) \in Q = Q_1 \times Q_2$ は，以下の条件をみたす時，（混合戦略）ナッシュ均衡と呼ばれる（$j \ne i$ とする）：

$$u_i(q) \geq u_i(q_i', q_j) \text{ for all } i \in \{1,2\} \text{ and all } q_i' \in Q_i.$$

ここで，$u_i(q)$ は，混合戦略プロファイル q と非合理性の確率 e にもとづく合理的なプレーヤーの期待利得を表している．この不等号式は，合理的なプレーヤー i が，相手プレーヤー $j \ne i$ について，確率 e で非合理的，確率 $1-\varepsilon$ で混合戦略 q_j にしたがうと予想する場合，混合戦略 q_i が最適になることを意味している．つまり，ナッシュ均衡は，プレーヤーの混合戦略が相互に最適反応になっている状態と定義されるのである．

1.4 均衡の存在と一意性

本節は，以下に特定される，対称的な，つまり $q_1 = q_2$ をみたす，混合戦略プロファイル $q = \tilde{q} \in Q$ を考察する：

$$(3) \quad \begin{aligned} \tilde{q}_1(t) &= \frac{1 - \frac{v(\tilde{\tau})}{v(t)}}{1-\varepsilon} \quad \text{for all} \quad t \in [\tilde{\tau},1] \\ \tilde{q}_1(t) &= 0 \quad \text{for all} \quad t \in [0,\tilde{\tau}]. \end{aligned}$$

ここで，境界時点 $\tilde{\tau} \in (0,1)$ は，（2）よって定義される，$\varepsilon v(1) = v(\tilde{\tau})$ をみたす時点である．（3）から，$q_1(t)$ は，任意の時点 $t \in [\tilde{\tau},1]$ について増加であり，$q_1(\tilde{\tau}) = 0$ および $q_1(1) = 1$ をみたしていることが確認できる．

合理的なプレーヤーが混合戦略プロファイル $\tilde{q}$ にしたがうならば，どのプレーヤーも境界時点 $\tilde{\tau}$ より前にはタイミングを選択しない，つまり，果実を採取（株を売却）しない．境界時点 $\tilde{\tau}$ 以降，各プレーヤーは確率的にタイミングを選択することになる．

定理1: 混合戦略プロファイル$\tilde{q}$はナッシュ均衡である．

証明: まず，任意の混合戦略プロファイルqを考えよう．ここで，qは連続関数，$q_1(\tilde{\tau}) = q_2(\tilde{\tau}) = 0$，および$t \in [\tilde{\tau}, 1]$において増加とする．これらは全て$\tilde{q}$がみたしている条件でもある．

プレーヤーiが選択していないことを前提として，時点$t \in [0,1]$までにゲームが終了している確率は

$$(1-\varepsilon)q_j(t)$$

である．よって，各時点tを選択した場合のプレーヤーiの期待利得は，

$$u_i(t, q_j) = v(t)\{1-(1-\varepsilon)q_j(t)\}$$

である．したがって，ナッシュ均衡の一階条件は，

$$\frac{\partial u_i(t,q_j)}{\partial t} = v'(t)\{1-(1-\varepsilon)q_j(t)\} - v(t)(1-\varepsilon)q_j'(t) = 0$$

for all $t \in [\tilde{\tau}, 1]$

つまり

(4) $$\frac{(1-\varepsilon)q_j'(t)}{1-(1-\varepsilon)q_j(t)} = \frac{v'(t)}{v(t)} \quad \text{for all} \quad t \in [\tilde{\tau}, 1]$$

になる．

等式(4)の左辺は，現時点でゲームが終了する危険性を表す「ハザード率（Hazard Rate）」を意味している．等式(4)の右辺は，勝者利得の上昇率を意味している．つまり，ナッシュ均衡の一階条件(4)は，ゲームが終了する危険性と勝者利得の上昇率とが丁度釣り合うように，相手プレーヤー$j \neq i$の混合戦略が定められることを意味している．

境界時点$\tilde{\tau}$以前には相手プレーヤーはタイミングを選ぶことはないので，勝者利得$v(t)$が増加であることから，境界時点$\tilde{\tau}$以前を選択することが得策にならないことは明らかである．よって，(4)がqがナッシュ均衡になるための十分条件でもあることがわかる．

先に特定化した対称な混合戦略プロファイル $\bar{q}$ が一階条件 (4) をみたしていることは，容易な計算によって確認することができるので，定理1が証明された．

Q.E.D.

さらに重要なことには，我々は，$\bar{q}$ が唯一の混合戦略ナッシュ均衡であることを証明することができる．

定理2：混合戦略プロファイル $\bar{q}$ は唯一の混合戦略ナッシュ均衡である．

証明：数学付録を参照されたい．

1.5　バブルとクラッシュ

　非合理性をともなうタイミング・ゲームにもとづいて，バブルが長期間持続する可能性を，以下のように理解することができる．

　ある特定企業の株が，連続時間 [0,1] において市場取引されている状況を考える．市場金利はゼロ，配当もないとする．企業は非生産的であり，そのファンダメンタル・バリューはゼロである．しかし，当該企業の株式市場では，バブルが初期時点0において発生しており，バブルがクラッシュしない限りこの企業の株価は，連続な増加関数 $v(t)$ にしたがって上昇していくとする．

　2人のプレーヤーを投機的投資家とする．各投機的投資家は，初期時点0から当該企業の株式1単位を所有している．各投機的投資家 $i \in \{1,2\}$ は，初期時点0から臨界時点1までのどのタイミングで自身の所有する株を売却すればいいかを，つまり時点 $a_i \in [0,1]$ を選択する．

　どちらかの投機的投資家が売却すると，この売却のプレッシャーから，バブルは直ちにクラッシュする．任意の投機的投資家 i が相手よりも先に時点 $a_i = t$ にて売却した場合は，$v(t)$ 円を獲得する．相手と同時に売却した場合は，期待利得として $v(t)/2$ 円を獲得する．しかし，相手が先に売却した場合は，暴落後の価格であるゼロ円でしか売却できない．

このようにタイミング・ゲームを解釈する背後には，2人の投機的投資家以外に，大勢の「モメンタム投資家」（素人投資家，Positive Feedback Traders，あるいはNoise Traders）が存在していることが，暗黙に仮定されている．モメンタム投資家たちもまた当該企業の株を所有している．しかし，かれら（彼女ら）は，株価の決まり方について，以下のような心理的バイアスのために，間違った理解をしている．

モメンタム投資家たちは，現状の株価で将来いつでも売却できるものと，まちがって予想している．そのため，かれらは投機的動機をもたない．しかし実際には，バブルはクラッシュする恐れがある．しかも，バブルが持続する限り株価は上昇していく．よって，彼らは毎期自身の定常的な株価予想が間違っていたことに気付いて，その都度株価予想を改定していくはめになる．にもかかわらず，かれらは依然として，バブルがクラッシュする前のどの時点tにおいても，現状の株価$v(t)$が今後も安定的に維持されると，間違って予想し続けるのである．

このように，投機的投資家とモメンタム投資家の間には，株式市場に対する認識の深さについて大きな隔たりがある．この状況は，「認識の異質性（Awareness Heterogeneity）」と呼ばれる．この状況設定は，別のバブル理論で仮定される「信念の異質性（Prior Heterogeneity）」とは区別されるものである．信念の異質性では，当局者はみな同じようにバブルに対して高い認識をもっているものの，信念の内容には隔たりがあり，同じ情報源であっても人によって楽観的な評価をしたり悲観的な評価をしたりする傾向があることを扱っている．一方，認識の異質性においては，例えば投機的投資家は，モメンタム投資家と比べて，バブルがクラッシュする可能性については悲観的であるが，バブルが拡大する可能性については楽観的であり，信念の異質性とは異なる区別の仕方をしている[5]．

モメンタム投資家といえども，株価が$v(t)$の増加の枠を超えて上昇する事態になった場合には，株価の値動きの異常さに気付き，所有株の売却を検

---

[5] Harrison and Kreps (1978), Che and Sethi (2010), Geanakoplos (2010), Fostel and Geanakoplos (2012), Simsek (2013) など．

討することになる。よって、価格関数 $v(t)$ は、モメンタム投資家たちの心理的バイアスの程度を表すバロメーターととらえることができ、この範囲を超えて拡大されるバブルは成立しないことが仮定される。

　2人の投機的投資家のどちらかが株を売却すると、モメンタム投資家たちは、この売却のプレッシャーを、現状価格がファンダメンタル・バリューと乖離していることのシグナルだと受け止める。かれらは、ここで初めてバブルに気付き、直ちに所有株を売却し、株価を暴落させるのである。以上に説明された暗黙の仮定は、バブルがなぜ投機的投資家のアクトなしではクラッシュしないのかを裏付けるための、重要な行動経済学的仮説になる。そしてこの仮説下では、投機的投資家が売却しない限り、バブルは $v(t)$ に沿って臨界時点1まで持続することになる。臨界時点1に達すると、企業の業容についての悪い情報が公になり、モメンタム投資家たちは、投機的投資家のアクトなしでも一気に熱狂から覚めるのである。

　この仮説の下で、バブルが長期間持続する現象は、投機的投資家の非合理性を明示的に考慮するタイミング・ゲームの唯一のナッシュ均衡として説明されることになる。2人の投機的投資家は、定理1,2によって示された唯一のナッシュ均衡である $\bar{q}$ にしたがってプレイすることによって、バブルを長期的に継続させることになる。

　バブルがどの程度長期的に持続するかについて、さらによく理解するために、

$$v(t) = e^{\rho t}$$

と特定しよう。この時、バブル価格の成長率は、時間を通じて一定であり、

$$\frac{v'(t)}{v(t)} = \rho > 0$$

である。つまり、ρ は、モメンタム投資家たちの心理的バイアスの程度を示すパラメーターととらえることができる。不等式 (1) より、

$$\rho > -\log \varepsilon$$

が仮定される．唯一のナッシュ均衡である $\tilde{q}$ は

$$\tilde{q}_1(t) = \frac{1 - e^{\rho(\tilde{\tau}-t)}}{1-\varepsilon} \quad \text{for all} \quad t \in [\tilde{\tau}, 1]$$

$$\tilde{\tau} = 1 + \frac{\log \varepsilon}{\rho}$$

と特定されることになる．

バブルがクラッシュする可能性があらわれる境界時点 $\tilde{\tau} = \tilde{\tau}(\varepsilon, \rho)$ は，非合理性の確率 ε について増加，バブル成長率 ρ について増加である．各プレーヤーが任意の時点 $t \in [\tilde{\tau}, 1]$ までに売却する確率

$$(1-\varepsilon)\tilde{q}_1(t) = (1-\varepsilon)\tilde{q}_2(t) = 1 - e^{\rho(\tilde{\tau}-1)}$$

は，非合理性の確率 ε について一定，バブル成長率 ρ について減少である．よって，将来的にバブルが大きく成長する，つまりモメンタム投資家の心理的バイアスが大きいほど，投機的投資家は，バブルをクラッシュさせずに，バブルに乗じてより高い売却利益を得ようとすることになる．また，相手投機的投資家が非合理的である可能性が高いと予想している場合にも，各投機的投資家は，バブルをクラッシュさせずに，より一層バブルに乗じて，高い売却利益を得ようとすることになる．

1.6　レバレッジ駆動型バブル

前節では，タイミング・ゲームを，バブルとクラッシュのモデルとして解釈するための1つの見解が示された．しかしその解釈には，以下のような不徹底さがあるため，さらに別の理解の仕方が必要になる．

企業は非生産的であり，ファンダメンタル・バリューはゼロである．しかし，バブルによって，株式市場では高い株価が成立している．ならば，この企業の事業主は，好条件で増資することができるはずである．事業主は増資をして資金を集め，非生産的な私的用途に利用できるはずである．

投機的投資家は，バブルが継続することを見越して，バブル株をできる限り買い増しして，後で上手に売り抜けて莫大な利益を得ようと画策するはずである．ならば，投機的投資家は，モメンタム投資家から借り入れをしてで

も，バブル株を買い増ししようとするに違いない．

一方，モメンタム投資家は，その心理的バイアスのために，バブル株が増資されることの意味や効果について，相変わらず無頓着なままに違いない．ならば，モメンタム投資家は，金融仲介機関の甘い誘いに乗じるなどして，投機的投資家に無利子で余剰資金を提供することも大いに考えられよう．

以上を踏まえて，本節は，企業の事業主が，バブルが持続する限り増資し続け，集めた資金を非生産的用途に使う「社会的に有害なバブル」の可能性を，非合理性をともなうタイミング・ゲームの別の解釈として理論的に説明する．非生産的な企業が，初期時点0から臨界時点1まで増資していくプロセスを以下のように考えよう．任意の時点$t \in [0,1]$までに発行された当該企業の株の総数を$S(t)$とする．$S(t)$は時間を通じて増加する，つまり，企業は増資し続けるとする．

投機的投資家$i \in \{1,2\}$は，バブルがクラッシュする前の各時点tにおいて，$S_i(t)$単位の株を保有している．$S_i(t)$は時間を経て増加する．つまり，各投機的投資家は時間を通じて株を買い増しているとする．

企業は非生産的であるが，バブル時には，その一単位当り株価は正の値であり，連続な増加関数$P: [0,1] \rightarrow (0, \infty)$にしたがって上昇していく．つまり，任意の時点$t \in [0,1]$において，バブル時の一単位当株価は$P(t)$円であり，時間とともに上昇していく．バブルは，投機的投資家が十分なシェアを保有し続ける限り，クラッシュすることなく，臨界時点1まで持続する．

ある任意の実数$\phi \in (0, 1/2)$を固定する．そして，2人の投機的投資家があわせて$2\phi \times 100\%$以上のシェアを保ち続ける限り，バブルは継続されると仮定しよう．しかし投機的投資家の全保有株が全体の$2\phi \times 100\%$未満のシェアに落ち込んだ場合には，直ちにバブルがクラッシュすると仮定する．

この仮定の背後には，以下のように，心理的バイアスをもったモメンタム投資家が大勢存在していて，しかもかれらは潤沢に資金をもっていることが暗黙の前提とされている．一方，投機的投資家は，手持ちの資金に限りがあり，借入をしない限り株式を買い増すことができない．

任意の時点$t \in [0,1]$において，モメンタム投資家たちは，現状の一単位当株価$P(t)$がファンダメンタルズを正しく反映していると勘違いしている．

また，かれらは，企業が時間を通じて増資していることにも無頓着である．しかし，投機的投資家が十分に買い増しせず，その結果，投機的投資家の所有株のシェア全体が$2\phi \times 100\%$にみたなくなると，モメンタム投資家たちはバブルがおきていることに気付いて持ち株を売却し，株価は暴落する．

企業の事業主は，できるだけ多く増資をしたいが，資金制約のある投機的投資家が買い増しできないほどに増資することはしない．なぜならば，その場合には，投機的投資家のシェアが$2\phi \times 100\%$よりも下がってしまい，バブルがクラッシュするからである．

そこで，バブルをクラッシュさせることなく増資し続けるよい方法として，2人の投機的投資家に，以下の仕方によって，モメンタム投資家から借り入れをして新株を購入してもらうことが考えられる．バブルが継続している限り，モメンタム投資家たちは，かれらが間違った予想形成の仕方をしていることに無頓着である．つまり，株価が上昇したりクラッシュしたりする可能性について無頓着であり，投機的動機ももたない．そこで，このようなモメンタム投資家たちの無頓着さと，かれらが潤沢な資金をもっていることをうまく利用して（他の金融仲介機関の助けを借りるなどして），投機的投資家は，かれらから無利子で借り入れ契約を取り交わすのである．

投機的投資家の株式保有の総額と借入額の割合を「レバレッジ率」と呼び，その上限を$L \geq 1$と設定しよう．各投機的投資家は，レバレッジ率の上限Lを超えて借り入れを増やすことはできないと仮定する．投機的投資家は，できる限り借り入れを増やしたいので，この上限ぎりぎりまでモメンタム投資家たちと借入契約を結ぼうとする．一方，モメンタム投資家も，自身の無頓着さと潤沢な余剰資金のために，投機的投資家の借り入れ要求に無条件で応じることになる．

こうして「レバレッジ駆動型バブル」は，以下のようにモデル化されることになる．レバレッジ率の上限Lまで借入をしている各投機的投資家$i \in \{1, 2\}$は，モメンタム投資家全体に対して

$$\frac{L-1}{L} P(t) S_i(t)$$

の負債を抱えることになる．投機的投資家 i の自己資本は，保有株の市場価値から負債総額を差し引いた残りであるから，

$$(5) \quad W_i(t) = P(t)S_i(t) - \frac{L-1}{L}P(t)S_i(t) = \frac{P(t)S_i(t)}{L}$$

と表されることになる．(5) より，自己資本の変化率は，株価の変化，株式保有の変化，借入額の変化によって，

$$(6) \quad W_i'(t) = \frac{P(t)S_i'(t) + P'(t)S_i(t)}{L}$$

と表される．

また，投機的投資家は，モメンタム投資家から無利子で借り入れをしているので，任意の時点間 $[t, t+\Delta]$ に稼ぐことができるキャピタルゲイン

$$\{P(t+\Delta) - P(t)\}S_i(t)$$

はそのまま自己資本に上乗せされることになる．よって，

$$(7) \quad W_i(t+\Delta) = W_i(t) + \{P(t+\Delta) - P(t)\}S_i(t)$$

が成立することになる．(7) より，自己資本の変化率は，

$$(8) \quad W_i'(t) = \lim_{\Delta \to 0}\frac{W_i(t+\Delta) - W_i(t)}{\Delta} = \lim_{\Delta \to 0}\frac{P(t+\Delta) - P(t)}{\Delta}S_i(t) = P'(t)S_i(t)$$

をみたすことになる．

したがって，(6) と (8) から

$$P'(t)S_i(t) = \frac{P(t)S_i'(t) + P'(t)S_i(t)}{L}$$

つまり

$$(L-1)\frac{P'(t)}{P(t)} = \frac{S_i'(t)}{S_i(t)}$$

が成立することになる．これは

(9) $$S_i(t) = S_i(0)\left(\frac{P(t)}{P(0)}\right)^{L-1}$$

と同値であることに気付かれたい．

2人の投機的投資家の初期保有は同じであること，つまり，

$$S_1(0) = S_2(0)$$

を仮定しよう．(9) から，任意の時点 $t \in [0,1]$ においても，

$$S_1(t) = S_2(t)$$

が成立することになる．企業の事業主にとって，バブルがクラッシュするぎりぎりのレベルまで増資するのが得策であることから，

$$S_1(t) = S_2(t) = \phi S(t)$$

が成立する．よって (9) より，

(10) $$S(t) = S(0)\left(\frac{P(t)}{P(0)}\right)^{L-1}$$

が成立する．等式 (5) に等式 (10) を代入すれば，自己資本 $W_i(t)$ は，外生的に与えられた条件 $(S_i(0), P, L, \phi)$ によって，

(11) $$W_i(t) = \frac{\phi}{L} P(0) S(0)\left(\frac{P(t)}{P(0)}\right)^L$$

と表すことができる．

投機的投資家は，タイミング・ゲームの勝者になることによって，自己資本の総額 $W_i(t)$ を確定することができる．よって，勝者利得は，売却時の自

己資本の価値に一致する，つまり

$$v(t) = W_i(t) = \frac{\phi}{L} P(0) S(0) \left(\frac{P(t)}{P(0)}\right)^L$$

と特定されることになる．

さらに詳しく分析するために，

$$P(t) = e^{\rho t}$$

と特定しよう．ここで，ρ は，前節同様，モメンタム投資家たちの心理的バイアスの程度を表すパラメーターである．この時，勝者利得は

$$v(t) = \frac{\phi}{L} S(0) e^{\rho L t}$$

となる．勝者利得の成長率は時間を通じて一定になり，

$$\frac{v'(t)}{v(t)} = \rho L > 0$$

である．また，（1）より，

$$\rho L > -\log \varepsilon$$

が仮定されている．この場合，唯一のナッシュ均衡である $\tilde{q}$ は

$$\tilde{q}_1(t) = \frac{1 - e^{\rho L(\tilde{\tau} - t)}}{1 - \varepsilon} \quad \text{for all} \quad t \in [\tilde{\tau}, 1]$$

$$\tilde{\tau} = 1 + \frac{\log \varepsilon}{\rho L}$$

と特定されることになる．

前節同様，境界時点 $\tilde{\tau}$ は，非合理性の確率 ε について増加，バブル成長率（心理的バイアスのパラメーター）ρ について増加である．任意の時点 $t \in [\tilde{\tau}, 1]$ までにバブルがクラッシュする確率

$$(1-\varepsilon)\tilde{q}_1(t) = 1 - e^{\rho L (\tilde{\tau}-t)}$$

は，非合理性の確率 ε について一定，バブル成長率 ρ について減少である．よって，前節同様，将来的にバブルが大きく成長する（モメンタム投資家たちの心理的バイアスが大きい）と予想されるほど，投機的投資家は，バブルをクラッシュさせずに，より一層バブルに乗じて，高い売却利益を得ようとする．また，相手投機的投資家が非合理的である可能性が高いと予想している場合にも，投機的投資家は，バブルをクラッシュさせずに，より一層バブルに乗じてより高い売却利益を得ようとする．

　本節の解釈がもたらす重要なポイントは，レバレッジ率の上限 L がバブルに及ぼす影響にある．レバレッジ率の上限 L が高いほど，つまり投機的投資家の借り入れに対する規制が弱いほど，境界時点 $\tilde{\tau}$ は臨界時点 1 に近づき，任意の時点 $t \in [\tilde{\tau}, 1]$ までに売却する確率 $\tilde{q}_1(t)$ は低くなる．つまり，借り入れ規制が弱いほど，バブルが長期にわたって持続することになる．

　さらに重要なポイントは，1単位当たり株価上昇率 ρ がゼロに近いとしても，つまり，モメンタム投資家たちの心理的バイアスの程度がとても低いとしても，レバレッジ率 L が十分に高いならば，事業主は依然として加速度的に増資することができ，バブルはクラッシュすることなく長期的に維持されるようになる点である．バブルが持続している長期間，非生産的な事業主は増資によって莫大な資金を私的用途に投じることができる．よって，合理的な投機的投資家がモメンタム投資家のわずかばかりの心理的バイアスを巧みに利用するならば，借入規制の緩和は，社会的に有害なバブルを長期持続させる悪しき結末を招くことになる．

第 2 章

危機

2.1 序文

　本章は，金融危機の発生を，預金者の戦略的相互依存の観点から説明する．金融危機をどのように理解するかについては，すでに様々な観点から多様な経済理論が存在している[6]．本章の目的は，包括的な展望を語るのではなく，金融危機の理論の古典であり，未だに代表的なモデルとされている Diamond and Dybvig (1983) による「取り付け (Bank Runs)」のモデルを再検討することにある．簡易なゲーム理論のモデルを深く考察することによって，金融危機についての新しい見解を紹介したい．

　銀行に代表される金融仲介業は，無担保低利子で預金者から資金を集めて，預金を元手にして収益性の高い長期的プロジェクトに貸し付けすることによって利益を得るビジネスである．銀行は，預金者に，満期が訪れる前であっても，預金の引き出しを自由に認めて，支払い能力がある限り引き出し要求に応じることを約束する．この約束によって，預金者には高い流動性が保証されることになる．こうして，預金者には，低利であっても銀行に預金するインセンティブが生まれることになる．

　一方，銀行は，預金を長期的なプロジェクトに貸し付けることで利益を得ることができるものの，途中でプロジェクトを中止したり縮小したりすると，低いスクラップバリューしか回収することができないという流動性制約に直面している．このように，銀行は，借入と貸し付け間に生じる「流動性のミスマッチ」という板挟みの中に収益の源泉を求めようとするビジネスモ

---

[6] 展望論文として，Brunnermeier and Oehmke (2013)，Tirole (2003) などを参照されたい．

デルととらえることができる.

　本章では，金融危機を，流動性のミスマッチという，金融仲介業に内在する不安定要因が必然的に引き起こす取付け現象ととらえることにする．取り付けは，預金者間の「調整の失敗（Coordination Failure）」の状況として，ゲーム理論的にモデル化することができる．次節以降において，取り付けの代表的な理論であるDiamond and Dybvig（1983）を，簡略化するなどした上で，深く再検討していく．

　その簡略化のため，Diamond and Dybvigのオリジナルモデルとは多くの点でことなるモデルを考察することになる．つまり，本章の前半では，銀行が預金者に引き出し要求に応じると約束するものの，実際には各預金者には事故や病気といった緊急事態のために引き出し需要が発生することはないと仮定される．

　Diamond and Dybvigは，各預金者は一定の確率でこのような緊急事態に直面する可能性があることを明示的に扱っている．そして，預金者は大勢存在していて，そのため「大数の法則」により，緊急事態のために発生する引き出し需要の全預金額に対する割合はほぼ一定であることが仮定されている．そのため，銀行は一定割合を流動性の高い安全資産に投資することによって，長期的プロジェクトを取り崩さなくても，具体的な緊急の用途に裏付けられた引き出し要求全てに応じることができる．

　しかし，第2.7節，第2.8節を除く本章のモデルでは，預金者には具体的な用途に裏付けられた引き出し要求はないと仮定される．そのため，預金者が，取り付けの発生を恐れるあまり，具体的用途がないにも関わらず引き出し要求をするインセンティブをもつ可能性のみを集中的に検討することになる．（この要求こそが取り付けを引き起こす直接的な理由になる．）また，第2.7節，第2.8節を除く本章のモデルでは，預金者数はたかだか2人であると仮定される．ただし，これらの仮定を外しても，本章の内容は本質的にはかわらない．実際，第2.7節においては，以上の視点から一般的な定式化を紹介することになる．

　本章には，Diamond and Dybvigでは明示的に考慮されなかった重要な拡張がある．まず，預金者は，預金の全額でなく，その一部のみを引き出すこと

が明示的に扱われる．また，銀行が，各預金者を平等に扱わず，「優先順位（Priority）」をつけて支払いに応じるとするルールが検討される．さらには，そして本章の最も重要な拡張としては，預金者は，自身の金銭的動機のみならず，銀行経営の健全性に関わる互恵的動機（Reciprocity）も，中途引き出し要求をどのように決めるかの判断に少なからざる影響を与えることが，明示的に考慮される．

2.2　簡略化されたモデル

　銀行に代表される金融仲介業を，預金者間の戦略的相互依存として，以下のようにモデル化する．2人の預金者が各々1単位を預金口座に入金している．各預金者は，預金を引き出さなければ，満期に元金と利子あわせて$R>1$単位を獲得することができると約束される．しかし，途中で預金を全額引き出すと，満期における支払いはなく，銀行の支払い能力の範囲内でたかだか元金1単位を回収できるのみである．

　銀行は，2人から集めた預金2単位分を長期的プロジェクトに投資することによって，預金者に対する満期における支払いの約束を履行することができる．ただし，どちらか一方の預金者が中途で預金を引き出すならば，投資した長期的プロジェクトを中止ないしは縮小して，その引き出し要求に応じなければならない．

　この場合，一方の預金者のみが引き出しを要求するならば，銀行はその要求の全額に応じることができる．しかし，この支払いに応じるために，長期的プロジェクトは中止されて，1単位相当のスクラップバリューに価値が目減りしてしまう．そのため，銀行は，要求しなかった他方の預金者に対しては，満期における支払いに一切応じることができなくなる．もし双方の預金者がともに引き出しを要求するならば，そして両預金者の要求を平等に扱うならば，銀行は，スクラップバリューの半分である0.5ずつを双方に支払うことになる．

　このように中途で引き出し要求に応じるために長期的プロジェクトが中止され，銀行が破産に追い込まれる状況を「取り付け」と呼ぶことにする．両預金者が共に引き出さない場合に，そしてその場合にのみ，長期的プロジェ

クトはめでたく満期を迎えることができて，両預金者に約束通り R を支払うことができる，つまりこれが，取り付けが起こらない唯一のケースになる．

この金融仲介の状況は，2×2ゲームとして，図1に表わされる．

図1 取り付けゲーム

		預金者2 引き出さない		引き出す	
預金者1	引き出さない	R	R	0	1
	引き出す	1	0	0.5	0.5

図1に示される「取り付けゲーム」において，プレーヤーである各預金者は，預金1単位全額を満期がおとずれる前に「引き出す」か「引き出さない」かを同時に選択する．この時，(「引き出さない」，「引き出さない」)と(「引き出す」，「引き出す」)，つまり「取り付けが起こらない状況」と「取り付けが起こる状況」の両方がナッシュ均衡として成立することになる．

各預金者は，相手が「引き出さない」を選択すると予想するならば，自身も「引き出す」ではなく「引き出さない」を選択することによって，利得を $K+1-1=K>0$ 単位分高めることができる．そのため，(「引き出さない」，「引き出さない」)はナッシュ均衡になる．

逆に，相手が「引き出す」を選択すると予想するならば，自身も「引き出さない」ではなく「引き出す」を選択することによって，利得を $0.5-0=0.5>0$ 単位分高めることができる．そのため，(「引き出す」，「引き出す」)もまたナッシュ均衡になる．

全く性質の異なる2つのナッシュ均衡のどちらが実際に実現されるかについては，我々は様々な視点から補足的説明を加えることができる．たとえば，「リスク優位性」という追加的な解概念をつかって，複数のナッシュ均衡の優劣を説明するやり方が考えられる．図1の例では，リスク優位性の視点からは，$R<1.5$ の場合には取り付けの起こるナッシュ均衡の方がもっともらしいが，$R<1.5$ の場合には取り付けの起こらないナッシュ均衡の方がもっともらしい．

各預金者は当初,取り付けがおこらないと予想していたとしよう。しかし,実際には相手が「引き出す」を選択したとしよう。この場合,自分も引き出し要求をしていれば利得を $0.5-0=0.5>0$ 分高めることができたはずだと後悔することになる。

逆に,取り付けがおこると予想していたとしよう。しかし,実際には相手が「引き出さない」を選択したとしよう。この場合には,自分も引き出し要求をしなければ利得を $R-1>0$ 分高めることができたはずだと後悔することになる。

$R>1.5$ であれば,より後悔の程度のひくいナッシュ均衡は(「引き出さない」,「引き出さない」)である。逆に,$R<1.5$ であれば,より後悔のひくいナッシュ均衡は(「引き出す」,「引き出す」)である。よって,リスク優位の視点からは,収益性が高い場合には取り付けが起こりにくいが,収益性が低い場合には取り付けが起こりやすいと結論付けられる。

しかし,たとえ収益性が低い,つまり $R<1.5$ であったとしても,依然として十分な収益性であることにかわりはないのかもしれない。そのため $R<1.5$ であるならば,取り付けが発生することを回避するすべをさらに模索する必要がある。あるいは,たとえ収益性が高かろうとも,預金者がリスク優位性に従って予想形成をする絶対的根拠はない以上は,我々はもっと別の概念や政策を検討していかなければならない。

取り付けは,流動性のミスマッチという金融仲介業のビジネスモデルに内在する不安定要因が原因で発生する金融危機の形態である。つまり取り付けは,預金者の戦略的理由による引き出し要求に対して十分な準備を持たないまま長期的な貸し付けをしなければならないという,金融仲介特有の性質が引き起こす問題点である。流動性のミスマッチが取り付けの起爆剤になる状況をいかにして回避するかは,単に規制政策の観点だけでなく,預金契約をいかに制度設計するか,さらには預金者に代表される金融仲介関係者が抱く社会的選好(モラル,互恵性など)がどのようなものか,そしてそれがいかに実際の行動決定に結びつけられるかといった観点からも,深い洞察が必要になる。

2.3 政策と限界

　取り付けに対処するための，外部から提供される現実的な対策としては，政府が取り付け時に支払い不足分を税金から補填する「預金保護」，あらかじめ預金の一部を銀行間でプールしておいて取り付け時に備える「預金保険」(Cooper and Ross 2002)，必要に応じて預金引き出しを強制的に制限する「支払い猶予」(Green and Lin 2003)，最終的に中央銀行に救済措置をもとめる「Lender's Last Resort」(Rochet and Vives 2004) などがあげられる．しかし，これらは共通して以下に示される欠点をはらんでいる．

　これらの政策をタイムリーに実施するには，政策当局が，銀行の経営状態について十分に把握しており，問題があると判断される場合にのみ政策を発動するインセンティブを正しくもっていることが前提とされる．しかし，この前提は現実的ではない．そのため，銀行の経営状態が悪くても，悪くない場合と同様の措置がとられることが往々にして起こる．

　これは銀行が健全経営をするインセンティブを削ぐこととなり，モラルハザードの点から大いに問題になる．また，預金者は，取り付け時には政府によって預金保護を受けるなどの，外部からの救済を期待するために，銀行の経営状態に無頓着になりがちになる．そのため，預金者によるモニタリングが不徹底になり，このことが金融システムの不安定を増幅させる懸念もある．

　よって，外部から救済措置を講じるだけでは，金融危機の根本的な解決にならない．だからといって，流動性のミスマッチそのものを廃止して，別の金融仲介のビジネスモデルを模索するというのも悲観的すぎるだろう．そのため，預金者が，自分で銀行の健全性を調べて，その良し悪しを判断して，この判断にもとづいて，引き出しをどの程度要求するかを決定することが大事になってくる．このようなインセンティブを預金者に提供するように，預金契約の設計を新たに考案することが大事である．

　次節以降，前述のモデルとその議論を踏まえて，上述した銀行および預金者のインセンティブと整合的な仕方で，取り付けを不健全な銀行経営の場合にのみ許容することができる制度的条件を模索していく．

2.4 部分的な引き出し

図1において，両預金者がともに「引き出す」を選択する取り付けがなぜナッシュ均衡になるのかを再度検討しよう．相手が「引き出す」を選択するならば，預金者は以下の理由で，引き出し要求をすることをやめない．もし引き出し要求をしないならば，相手は全額引き出し要求をしているので，満期においては銀行から何も支払われないからである．もっとも，ともに「引き出す」を選択する取り付け状況においては，各預金者は，預金全額を引き出すことを要求しても，実際にはその半分である0.5しか受け取ることができない．

ならば，各預金者が，1単位全額を引き出すことができないことを読み込んで，1単位全額ではなく，実際に引き出せる0.5単位のみ引き出しを要求すると変更した場合にはどうなるであろうか．この場合，銀行が両預金者に対して平等に応じることを前提とすれば，依然として双方ともに0.5単位を銀行から受け取ることになる．つまり各預金者は取り付け時においては，引き出し要求を，実際には応じることができない金額から，応じることができる金額に減額しても，金銭的不利益にはならないことになる．

幸いにも，図1の例に示される状況においては，このように引き出し要求を減額することは，全額引き出し要求をするよりも（弱い意味で）優位戦略になっていることが確認できる．ならば，相手預金者は1単位でなく0.5単位を要求するとしてもよいだろう．

もし相手預金者が，取り付け時には，このように引き出し要求を1単位から0.5単位に減額するものと考えられるならば，取り付け発生を不安視しているこの状況は，以下のように一変することになる．

もし相手が1単位全部を依然として要求しているとして，預金者が引き出し要求を完全に取り下げる場合には，つまり「引き出す」から「引き出さない」に戦略を変更するならば，自身の取り分であった0.5単位は相手に取られてしまうことになる．しかし，相手が0.5単位に要求を減額していれば，「引き出す」から「引き出さない」に戦略を変更しても，残りの0.5単位は相手に取られないで済むことになる．

ならば，この場合には，銀行は長期的プロジェクトを完全に中止する必要はなくなる．長期的プロジェクトの半分のみを中止して，規模を半分にしてプロジェクトを継続することができる．

ここで，2人の預金者のみとした，この極端に簡易化されたモデルのための便宜的措置として，長期的プロジェクトの規模をわずかでも縮小するならば，その価値は半分に減額されると仮定することにしよう．つまり，長期的投資は2単位から1単位に減額され，しかもそのうち0.5単位が引き出しに充てられると仮定するのである．よって，残りの0.5単位のみが継続され，満期に$R/2$の収益がもたらされることになる[7]．

満期においては，預金の金額に比例して各預金者は銀行から支払いを受け取るとしよう．相手預金者はすでに半分を引き出しているのに対して，当該預金者は1単位分全部を残して満期を迎えている．よって，当該預金者は$R/3$単位，相手預金者は$R/6$単位を満期で受け取ることになる．

$R/3>0.5$，つまり収益性が高く

$$R>1.5$$

であれば，預金者は「引き出す」ではなく「引き出さない」を選択することを好むことになり，取り付けの発生を回避することができる．

一方，$R/3<0.5$，つまり収益性が低く

$$R<1.5$$

であれば，預金者は，相手預金者が引き出し要求を減額すると予想しても，依然として「引き出さない」よりも「引き出す」を選択することを好むことになり，取り付けの発生を回避することができない．よって，長期的プロジェクトの収益性があまり高くない場合であっても取り付けを阻止したいのであれば，部分的な引き出しだけでなく，さらに新しい着想が必要になってくる．

---

[7] 第2.7節では，この仮定が外される．

2.5 優先順位

そこで,今度は,預金契約を工夫して,2人の預金者を平等に扱わない仕方を以下のように考えてみよう.それは,銀行が預金者1に高い「優先順位(Priority)」をつけるという工夫である.銀行は,2人の引き出し要求に応えられない場合には,まず預金者1の要求に応えて,残った支払い能力の範囲内で預金者2の要求に応えるとするのである.そのため,預金者1が1単位全部引き出すことを要求するのなら,銀行は預金者2に対しては,引き出し要求の程度に関係なく,なにも応じることができなくなる.

図2は,図1と同様に,各預金者が1単位全部を引き出すか,なにも引き出さないかのどちらかを選ぶケースである.相違は,2人がともに「引き出す」を選択する場合には,預金者1の利得は1だが,預金者2の利得はゼロになる点にある.

この場合,預金者2は,預金者1が「引き出す」を選択する限り,引き出し要求してもしなくても利得はゼロで変わりない.そのため,預金者2は「引き出す」をやめて「引き出さない」に戦略変更しても差し支えない.幸いにも,図2の例では,預金者2にとって「引き出さない」は「引き出す」に対して(弱い意味で)優位な戦略になっている.

図2 優先順位

		預金者2			
		引き出さない		引き出す	
預金者1	引き出さない	R	R	0	1
	引き出す	1	0	1	0

図2のように預金者1が優先されていると,預金者2は「引き出さない」を選択するインセンティブをより積極的にもつようになる.ならば,優先された預金者1は「引き出す」ではなく「引き出さない」を選択することによって,1単位の代わりに $R>1$ 単位を獲得することができるはずである.したがって,預金契約に優先順位を付ければ,長期的プロジェクトの収益性 R の大き

さに関係なく，取り付け発生を阻止できると結論付けることができる．

2.6 預金者の社会的選好

これまでの議論では，長期的投資の収益 R が預金者に知られていることが暗黙に仮定された．しかし，この仮定を外すと，預金者の行動経済学的動機の観点から，上述した説明に本質的な修正が必要になってくる．

銀行は預金者に対して，満期に1単位当 $x>1$ 単位の支払いを約束したとしよう．しかし，実際の長期的プロジェクトの収益性は $R\ (<x)$ であるとする．つまり，銀行は，収益性を R ではなく x だと過大に宣伝して，預金を集めるのである．このような銀行の態度のことを，本章では「銀行経営は不健全である」と呼ぶことにする．説明の便宜のため，

$$2R-x>1$$

を仮定する．この状況は図3で表される．

図3　不健全な銀行経営

		預金者2			
		引き出さない		引き出す	
預金者1	引き出さない	x	$2R-x$	0	1
	引き出す	1	0	1	0

預金者1には，引き出し要求の対応のみならず，満期の支払いに関しても高い優先順位が与えられているとしよう．したがって，取り付けが起こらない状況である（「引き出さない」，「引き出さない」）においては，銀行は，満期において，まず預金者1に x を支払い，残りの $2R-x$ を預金者2に支払うことになる．

各預金者は，預金契約を取り交わす段階では，実際の収益性 R を知らないとする．しかし，契約後には R を知ることができ，$R<x$ であることから，銀行が不適切な預金契約を提示していたこと，つまり銀行経営が不健全であることを知る．

この場合，取り付けの状況である（「引き出す」，「引き出す」）はナッシュ均衡になる．しかし同時に，銀行がこのような不適切な預金契約を提示していたにもかかわらず，取り付けの起こらない（「引き出さない」，「引き出さない」）もまたナッシュ均衡になっている．預金者1は$x>1$である限り「引き出さない」を選択するのを好むであろうし，預金者2もまた仮定により$2R-x>1$であるから，やはり「引き出さない」を選択することを好むであろう．

　このように依然としてナッシュ均衡は複数存在している．しかし，前節とはことなり，このケースでは，銀行がこのような不適切な預金契約を提示するインセンティブを阻止する狙いがあるため，取り付けが発生することの方がむしろ望まれると考えるべきである．つまり，収益性について故意に間違った説明をするような，不健全な経営をしている銀行に対してペナルティーを与える工夫として，取り付けを利用することを考えるのである．

　預金者もまた，銀行経営が健全かどうかについてきちんと監視して，「引き出す」か「引き出さない」かを判断する必要があるので，預金者の銀行に対するモニタリングのインセンティブも提供できるものと期待される．本章における問題の核心は，銀行と預金者が適切なインセンティブをもつように，取り付けの発生と阻止をコントロールすることにある．

　図3の例では，預金者2にとって「引き出す」という選択は劣位戦略になっている．つまり，戦略の優位劣位の観点からは，取り付けのない（「引き出さない」，「引き出さない」）の状況が，常によりもっともらしいナッシュ均衡である．これでは，取り付けによってモラルハザードを防止することを容易には期待できないことになる．

　そこで，戦略の優位劣位の代わりに，以下のような「預金者の社会的選好」を導入するのである．預金者は，引き出し要求するか否かを決定する時点において，銀行の実際の収益性であるRを観察する．$R\geq x$であれば銀行経営は健全であると判断される．この場合には，優先順位の低い預金者2は，銀行に対して「協力的態度（積極的な互恵的態度，Positive Reciprocity）」を示して，「引き出さない」を選択するのである．この選択は戦略の優位性とも整合的な態度である．よって，預金者の銀行に対するこのような積極的な互恵的態

度から，取り付けが発生しない状況である（「引き出さない」，「引き出さない」）がよりもっともらしいナッシュ均衡であると考えることができる．

しかし，$R<x$ であれば銀行経営は不健全であると判断される．この場合には優先順位の低い預金者2は，銀行に「非協力的態度（消極的な互恵的態度，Negative Reciprocity）」を示して，「引き出す」を選択すると考えられる．この選択は戦略の優位性とは整合的でないものの，自身の金銭的動機のみに照らすならば，「引き出さない」とする選択とは無差別の関係になる．よって，預金者の銀行に対するこのような消極的な互恵的態度から，戦略の優位性という基準を押しのけて，取り付けが発生する状況である（「引き出す」，「引き出す」）がよりもっともらしいナッシュ均衡とみなされるのである．

こうして，取り付けは健全な経営を心掛ける銀行については発生しないが，そうでない銀行については発生することになる．つまり，取り付けは，銀行のモラルハザードを防ぐ効果をもたらすのである．また，預金者は，銀行経営が健全かどうかについて情報収集するインセンティブをもつことになる．取り付けのこのような発生可能性は，銀行に対するモニタリングを徹底する動機も預金者に提供することになる．

2.7　一般的な定式化

本節では，取り付け問題を，3人以上の預金者が存在する一般的な枠組みで分析する．前節までの説明では，預金者に緊急の用途のために引き出し需要が発生するケースは排除されていた．本節では，このケースを明示的に考慮する．そのため，銀行は，この引き出し需要に効率的に応じるために，非流動的な長期的プロジェクトへの投資のみならず，流動的な安全資産への投資にも預金を振り分けることになる．

また本節は，長期的投資の非流動性について，前節とはことなる仮定をおく．つまり，長期的プロジェクトを取り崩すことによるコストは，取り崩した規模に比例的であるとする．

本節では，優先順位の付いた預金契約を考察し，預金者の銀行に対する非常に弱いレベルの互恵的な社会的選好が，取り付けの発生および阻止と，銀行および預金者のインセンティブにおよぼす効果について，詳しく分析する．

2.7.1 モデル

取り付け問題を3期間のモデルとして以下のように定式化する．第0期にて，銀行が $n \geq 3$ 人の預金者と預金契約を取り交わす．各預金者は銀行に1単位入金する．銀行は，第1期において引き出し要求に応じる約束をする．満期である第2期において，各預金者に対して，満期時の預金額1単位ごとに $x \geq 1$ 単位の支払いをすることを約束する．

しかしながら，銀行には，第1期，第2期のどちらにおいても，支払い不可能な事態が起こりうる．そのため銀行は，支払い不可能な事態における対処の仕方について，以下のような詳細な預金契約を結ぶことになる．それは，$c = (c^1, c^2)$ で表される．$c^t = (c_1^t, c_2^t)$ は，第 $t \in \{1, 2\}$ 期における支払い計画であり，$c_i^t: [0,1]^2 \to [0, \infty)$ とする．$c_i^1(m)$ は m_i の非減少関数，$c_i^2(m)$ は非増加関数である．

第0期において，銀行は全部で n 単位の預金を集めることになる．銀行は一定割合 $r \in [0,1]$ を，つまり rn 単位を流動的な安全資産に投資し，残りの割合 $1-r \in [0,1]$ を，つまり $(1-r)n$ 単位を非流動的な長期的プロジェクトに投資する．安全資産への投資は，第1期においてコストなく取り崩すことができる．しかし，長期的プロジェクトへの投資を第1期において取り崩すと，投資1単位につき $l \in (0,1)$ 単位のみを回収できるにとどまる．よって，第1期における銀行の支払い能力は

$$(12) \quad Z^1 \equiv \{r + l(1-r)\} n$$

と表される．つまり，安全資産および長期的プロジェクトへの投資をすべて取り崩すことによって，銀行は預金者の引き出し要求に総額 Z^1 まで応じることができる．しかし $l < 1$ であるから，もし全預金者が第1期に全額引き出しを要求した場合，銀行は，全ての要求には対応できなくなるので，取り付けが発生して，銀行は倒産することになる．

議論をより本質的にするため，極端に大口の預金者は存在しない，つまり

$$(13) \quad n - 1 > Z^1$$

が成り立つとする．つまり，$n-1$ 人の預金者が全額引き出し要求をすると，

取り付けが発生する.

　満期である第2期においては,安全資産への投資からは1単位当り1,長期的プロジェクトへの投資からは1単位当り$R>1$の収益が得られる.銀行は第0期において,長期的プロジェクトの収益性Rを知っているが,預金者は第1期になってはじめてRを知ることができる.

　第1期において,各預金者$i \in N \equiv \{1,2,\ldots,n\}$は,第1期において,引き出し要求$m_i \in M_i \equiv [0,1]$を戦略として選択する.つまり預金者$i$は第1期に$m_i$を引き出して,第2期に$(1-m_i)x$を受け取るとする要求を銀行に突き付ける.ここで,任意の戦略プロファイルを$m = (m_i)_{i \in N} \in M \equiv \underset{i \in N}{\times} M_i$と記す.預金契約$c$および戦略プロファイル$m$にしたがって,預金者$i$は第1期に$c_i^1(m) \in [0, \infty)$,第2期に$c_i^2(m) \in [0, \infty)$を受け取ることになる.預金者$i$の利得は

$$u_i(m) = c_i^1(m) + a_i c_i^2(m)$$

と表される.ここで,$a_i \in \{0,1\}$とする.

　預金者iは$a_i = 0$ ($a_i = 1$) の時,「近視眼的である(近視眼的でない)」と呼ぶことにする.近視眼的な預金者は,第1期のみの消費に関心があり,緊急事態の引き出し需要をもつ預金者とみなされる.近視眼的でない預金者は,緊急事態の引き出し需要をもたず,そのため銀行からの受取のタイミングについては第1期,第2期間で無差別である.ここで,

$$\bar{N} \equiv \{i \in N | a_i = 0\}$$
$$\bar{N}^c \equiv \{i \in N | a_i = 1\},$$
$$\bar{n} \equiv |\bar{N}|$$
$$\bar{n}^c \equiv |\bar{N}^c| = 1 - \bar{n}$$

と定義する.議論を簡単にするため,等式

(14) $$\bar{n} = rn$$

を仮定する.銀行は,安全資産のみを取り崩すことで,近視眼的な,つまり緊急の引き出し需要のある預金者の引き出し要求に全て応じることができる.

(12) に (14) を代入することによって，

$$Z^1 = \bar{n}^c l + \bar{n}$$

という関係が得られる．近視眼的な預金者の預金を安全資産に投資し，近視眼的でない預金者の預金を長期的プロジェクトに投資していると考えてよい．

本節は，預金者をプレーヤーとみなすことによって，取り付け問題を，第1期における預金者の引き出し要求の選択についての静学ゲームととらえる．戦略プロファイル $m \in M$ は，以下の条件をみたす時，ナッシュ均衡と呼ばれる：

$$u_i(m) \geq u_i(m'_i, m_{-i}) \quad \text{for all} \quad i \in N \text{ and } m'_i \in [0,1].$$

2.7.2 優先順位付き預金契約

本節では，$c = (c^1, c^2)$ を「優先順位付き預金契約」として，以下のように特定する．銀行は支払い不能に陥った場合には，若い番号の預金者から順番に支払いに応じるとする．

第1期において銀行が引き出し要求に応じることができない場合，つまり

$$Z^1 < \sum_{i \in N} m_i$$

である場合は，ある預金者 $h \in N$ が存在して，以下の条件がみたされる：

$$c_i^1(m) = m_i \quad \text{for all} \quad i < h$$
$$c_i^1(m) = 0 \quad \text{for all} \quad i < h$$
$$c_h^1(m) = \hat{m}_h \equiv Z^1 - \sum_{i<h} m_i \in (0, m_h].$$

第1期において銀行が引き出し要求に応じることができる場合，つまり

$$Z^1 \geq \sum_{i \in N} m_i$$

である場合は，銀行は全預金者の要求に応じる：

$$c_i^1(m) = m_i \quad \text{for all} \quad i \in N.$$

第2期についても同様に，番号の若い預金者から順番に支払いに応じる．第2期における銀行の支払い能力を$Z^2(m)$と表して，以下のように定義する：

$$\left[\sum_{i \in N} m_i \geq Z^1\right] \Leftrightarrow \left[Z^2(m) = 0\right]$$

$$\left[\sum_{i \in N} m_i \leq rn\right] \Rightarrow \left[Z^2(m) = rn - \sum_{i \in N} m_i + R(1-r)n\right]$$

$$\left[rn < \sum_{i \in N} m_i < Z^1\right] \Rightarrow \left[Z^2(m) = \frac{Z^1 - \sum_{i \in N} m_i}{l} R\right].$$

第2期において支払い不能に陥った場合，つまり

$$Z^2(m) < x \sum_{i \in N} (1 - m_i)$$

である場合，ある預金者$h \in N$が存在して，以下のことが成立している：

$$c_i^2(m) = x\,(1 - m_i) \quad \text{for all} \quad i < h$$
$$c_i^2(m) = 0 \quad \text{for all} \quad i > h$$
$$c_h^2(m) = x\,(1 - \hat{m}_h).$$

ここで，$\hat{m}_h \in [m_h, 1]$は以下の等式によって特定される：

$$\left\{\sum_{i < h}(1 - m_i) + 1 - \hat{m}_h\right\} x = Z^2(m).$$

第2期において銀行に支払い能力がある場合，つまり

$$Z^2(m) \geq x \sum_{i \in N} (1 - m_i)$$

である場合，銀行は全預金者に対する支払い義務に応じる：

$$c_i^2(m) = x(1 - m_i) \quad \text{for all} \quad i \in N.$$

2.7.3 複数均衡

戦略プロファイル $m \in M$ は，銀行が第1期において支払い不能になる時，つまり

$$Z^2(m) = 0 \quad \text{つまり} \quad Z^1 \leq \sum_{i \in N} m_i$$

である時，取り付けを誘発することになる．戦略プロファイルの特殊ケースとして，全預金者が全額引き出し要求をする $m^- \equiv (1, \ldots, 1)$ を考えよう．(14) より，一人の預金者が引き出し要求をやめても取り付け発生は避けられない．このことから，m^- がナッシュ均衡であることは自明である．

定理3: 戦略プロファイル m^- はナッシュ均衡である．

さらに，戦略プロファイルの別の特定化として $m^* = (m_1^*, \ldots m_n^*) \in M$ を

$$m_i^* = 1 \quad \text{if } a_i = 0,$$
$$m_i^* = 0 \quad \text{if } a_i = 1$$

と定義する．この場合には，近視眼的な預金者のみが引き出し要求をしているので，取り付けは発生しない．

定理4: 銀行経営が健全である，つまり

$$R \geq x$$

であれば，m^* はナッシュ均衡である．

しかしながら，銀行経営が健全ではない，つまり

$$R < x$$

であるならば，優先順位の低い預金者は第2期に十分な支払いを期待できなくなるので，第1期に引き出し要求をするインセンティブが高まることが考えられる．その場合には，第2期の支払い能力はさらに引き下げられ，優先

順位のより高い預金者でさえ十分な支払いを期待できなくなり，第1期に引き出し要求をするようになる．このことは，銀行経営が健全でない場合には，取り付けが起こらない均衡が存在しなくなる可能性を示唆している．よって，以下の命題が成立する．証明は省略する[8]．

定理5: 戦略プロファイル m^* がナッシュ均衡である場合，m^* は取り付けを誘発しない唯一のナッシュ均衡である．m^* がナッシュ均衡でない場合，すべてのナッシュ均衡は取り付けを誘発する．

　もっとも，定理3が示すように，たとえ取り付けを誘発しない m^* がナッシュ均衡であったとしても，依然として $\overline{m}$ という，取り付けを誘発するナッシュ均衡も存在している．そのため，取り付けを誘発するナッシュ均衡を排除するための追加的な概念の導入が必要になってくる．しかし，この追加的概念の導入のために，m^* がナッシュ均衡でない場合でも取り付けを誘発するナッシュ均衡が排除されてしまうことは避けなければならない．
　そこで次節は，銀行経営が健全であるかどうかに応じて，銀行に対する互恵的動機付けが変わるとする預金者の心理的仮説，つまり「最小互恵性（Minimum Reciprocity）」を導入することによってこの課題を解決する．

2.7.4　最小互恵性

　ナッシュ均衡を以下のように行動経済学的観点から精緻化しよう．預金者は，第1期において，収益性 R を観察して，支払い約束 x が履行可能かどうかを知る．この時，$R \geq x$ であれば，支払い約束は取り付けが起こらない限り履行可能であるため，預金者は銀行に対して好意的な感情をもつことになる．つまり，なるべく途中で引き出し要求をしないようにすることで，銀行経営に協力したいという動機を多少なりとも持つようになる．
　逆に，$R < x$ であれば，支払い約束は取り付けが起こらなくても履行できないため，預金者は銀行に対して懐疑的な感情をもつことになる．したがっ

---

[8] Matsushima（2018b）を参照されたい．

て，なるべく途中で引き出し要求をして，銀行経営に非協力的でありたいという動機を多少なりとも持つようになる．

以上の銀行経営に対する互恵的動機は，それが度を超すと，預金者の金銭的動機と整合性が取れなくなる恐れがある．そこで，本節では，最小限度の互恵的動機だけを考慮して，あくまで金銭的利益と整合的である範囲内で議論を進めることにする．

ナッシュ均衡戦略プロファイル $m \in M$ は，以下の条件をみたす時，「最小互恵性（Minimum Reciprocity）」をみたすと呼ぶことにする：任意の預金者 $i \in N$ と任意の他の戦略 $m'_i \in M_i$ について

$$[R \geq x \text{ and } u_i(m) = u_i(m'_i m_{-i})] \Rightarrow [m_i \leq m'_i]$$
$$[R < x \text{ and } u_i(m) = u_i(m'_i m_{-i})] \Rightarrow [m_i \geq m'_i]$$

が成立する．つまり，引き出し要求 m_i と m'_i が金銭的動機について無差別である場合に，もし銀行経営が健全であれば低い方の引き出し要求を，銀行経営が不健全であれば高い方の引き出し要求を選択するとする辞書式選好を考えるのである．

以下の定理は，預金者がこのような最小互恵性にしたがうならば，銀行経営が健全であれば取り付けは発生しないが，銀行経営が不健全で m^* がナッシュ均衡にならないケースでは全預金者が全額引き出し要求をすることを示すものである．

定理6：$R \geq x$ であれば，m^* は最小互恵性をみたす唯一のナッシュ均衡である．$R < x$ であり，m^* がナッシュ均衡でなければ，m が最小互恵性をみたす唯一のナッシュ均衡である．

証明：$R \geq x$ の場合には，m^* は，ナッシュ均衡であるだけでなく，この戦略に従うのが唯一の最適反応であるから，最小互恵性をみたしている．定理5より，m^* 以外のナッシュ均衡は全て取り付けの状況である．最小互恵性をみたしていることを仮定するならば，各預金者は過剰な引き出し要求をしないことになる．ならば，優先順位の高い近視眼的でない預金者は，引き出し

要求をやめることで，第2期に$x>1$の支払いを受けることができるはずである．このことは取り付けと矛盾する．よって，$R \geq x$であれば，m^*は最小互恵性をみたす唯一のナッシュ均衡であることがわかる．

$R<x$であり，m^*がナッシュ均衡でないと仮定しよう．この場合，mは取り付けを誘発するナッシュ均衡であるが，全預金者は全額引き出しを要求しているので最小互恵性と整合的である．また，定理5より，全てのナッシュ均衡は取り付けを誘発する．よって，各預金者にとって，全額引き出し要求が最適反応になっていなければならない．このナッシュ均衡が最小互恵性をみたすならば，全預金者が全額引き出し要求をする状況でなければならない．したがって，$R<x$であり，m^*がナッシュ均衡でなければ，mが最小互恵性をみたす唯一のナッシュ均衡である．

Q.E.D.

定理6は，預金者間で優先順位がつけられていることに依存している．優先順位をつけるのをやめて，以下のように，預金者間で「中立性」を保つような預金契約に切り替えたとしよう：任意の$m \in M$および$i \in N$について，

$$c_i^1(m) = \min[k^1(m), m_i]$$
$$c_i^2(m) = x\min[k^2(m), 1-m_i]$$

とする．ここで，$k^1(m)$ and $k^2(m)$ は以下のように定義される：

$$\sum_{i \in N} \min[k^1(m), m_i] = Z^1 \quad \text{if } \sum_{i \in N} m_i \geq Z^1$$

$$k^1(m) = \max_{i \in N} m_i \quad \text{if } \sum_{i \in N} m_i < Z^1$$

$$x\sum_{i \in N} \min[k^2(m), 1-m_i] = Z^2(m) \quad \text{if } x\sum_{i \in N}(1-m_i) \geq Z^2(m)$$

$$k^1(m) = \max_{i \in N}(1-m_i) \quad \text{if } x\sum_{i \in N}(1-m_i) < Z^2(m).$$

$n>R$を仮定すると，この置き換えによって，たとえ$R>x$であっても，全預金者が第1期における支払い能力を等分する引き出し要求をする戦略プロ

ファイル $\tilde{m} \equiv (Z^1/n, ..., Z^1/n)$ がナッシュ均衡になり，それは取り付けを誘発する．重要な点は，各預金者は引き出し要求を引き下げるインセンティブをもたないことにある．なぜならば，要求を下げた分満期には収益を1単位当り R 生み出すことになるけれども，それは中立性のために n 等分されて預金者に分配されることになり，この少ない分配のために各預金者は引き下げをするインセンティブをもたなくなるからだ．よって，最小互恵性にしたがうとしても，そして銀行経営が健全であるとしても，取り付けの発生は阻止できないことになる．

今度は，より直接的に，優先順位付きの契約を以下のような「比例的」預金契約に差し替えてみよう：任意の $m \in M$ および $i \in N$ について，

$$c_i^1(m) = \min\left[\frac{m_i}{\sum_{j\in N} m_j} Z^1, m_i\right]$$

$$c_i^2(m) = \min\left[\frac{1-m_i}{\sum_{j\in N}(1-m_j)} Z^2(m), (1-m_i)x\right]$$

とする．この時，全預金者が全額引き出しを要求する取り付け状況 $\tilde{m}$ は，$R>x$ であっても，最小互恵性をみたすナッシュ均衡になる．比例性より，取り付け時には支払い要求が高いほどより多い支払いを受けることができるので，引き出し要求を下げると金銭的な不利益を被ることになるからである．

2.8 遂次的な引き出しと取り置き

前節までに考察してきたモデルでは，複数の預金者が同時に引き出し要求することが仮定された．つまり，各預金者は他の預金者の引き出し要求の程度を観察できないまま，自身の態度を選択しなければならなかった．そして，銀行は全預金者の態度を見極めてから優先順位にしたがって支払いに応じるとしていたのである．しかし現実的には，銀行は早く引き出し要求をした預金者から順に支払いに応じるであろうし，他の預金者はそのことを観察して，銀行の支払い能力の程度を随時修正するに違いない．

本節は，このように銀行が逐次的に預金者の引き出し要求に応じるケース

を明示的に考察する．図3に示される取り付けの状況を再検討しよう．銀行経営は不健全であると仮定しよう．ならば，(「引き出す」，「引き出す」) は最小互恵性をみたすナッシュ均衡である．

優先順位の高い預金者1が「引き出す」を選択しているので，優先順位の低い預金者2は何も得られない．そこで預金者2は，預金者1よりも先に，銀行に引き出し要求を突きつけたとしよう．ならば，この場合には，銀行は預金者2について預金者1よりも先に対応するので，預金者2は利得1を確保でき，預金者1は何も得られなくなってしまう．すると，今度は預金者1が，預金者2よりもさらに先に引き出し要求をしようとするにちがいない．こうして，取り付けの起こる状況は，引き出し要求のタイミングをめぐって「早い者勝ちレース」の様相を呈することになる．

次に，銀行経営が健全なケースを考えてみよう．そして，各預金者は，引き出し要求の程度を自由に調整できるとしよう．定理6から，取り付けの起こらない状況である (「引き出さない」，「引き出さない」) が唯一の最小互恵性をみたすナッシュ均衡である．しかし，この場合でも，逐次的な引き出し要求を考慮すると，取り付けを排除できなくなる可能性がでてくる．

預金者1は，引き出し要求を控えようと態度を変えた場合，その直後に預金者2は，銀行の支払い能力が高まったことを知って，自身の引き出し要求を引き上げようとするかもしれない．特に，預金者2が緊急のために引き出し要求をしたい場合には，預金者1の減額分をそのまま自身の要求増とするインセンティブをもつだろう．そのため，預金者1が早期に引き出してしまう状況が，最小互恵性を考慮しても，ナッシュ均衡として成立すると考えられるのである．

このような状況に対処するため，以下のような預金契約の設計上の工夫を考えよう．各預金者は，緊急の事態のためには早期に引き出しをしようとする．しかし，そのような緊急の引き出し需要がない場合には，早期に引き出し要求をせずに，「取り置き (Reserve)」を申し出ることができるとするのである．

預金者1は，預金者2よりも先に1単位全額を取り置きすることができるとしよう．この時，銀行は，預金者1に後日1単位分の引き出しができるオ

プションを与えることになる．1単位を預金者1のために取り置きしているので，銀行は，預金者2が引き出し要求をしても応じることができない．ただし預金者2もまた，預金者1の取り置きの額に関係なく，取り置きの額を決めることができる．双方の取り置きないしは引き出し要求の選択が済んでから，最後に，取り置き分のうち実際にいくら引き出し要求をするかを，同時に決定してもらう．このように預金契約を設計するのである．

取り置きを考慮した，しかも逐次的な引き出し要求も認めた，優先順位付き預金契約を考えると，銀行経営が健全な場合には，取り付けが起こらない状況が（修正された意味において）最小互恵性をみたす唯一のナッシュ均衡になることを確認することができる．

注意すべきは，緊急の引き出し要求の必要のない，近視眼的でない預金者がみな全額を取り置きする状況がナッシュ均衡になってしまう点である．この状況には，緊急の引き出し要求をもつ近視眼的な預金者が引き出せなくなるという深刻な難点がある．

しかし，銀行経営が健全であることから，預金者は取り置きの決定の際にも協力的態度をとる動機をもつものと考えられよう．つまり，道徳的に，取り置きの金額を最小限にとどめようとするのである．そのため，銀行経営が健全である場合には，取り置きを一切しない，しかも緊急事態以外引き出しを一切しない状況が，唯一のもっともらしいナッシュ均衡になると考えられるのである．

一方，銀行経営が不健全である場合には，銀行に非協力的な態度をとって，緊急事態ではない預金者はみな全額を取り置きし，さらには全額引き出し要求もする．つまり取り付けが発生する状況のみが，最小互恵性をみたす唯一のナッシュ均衡になると考えられる．よって，本節のように逐次的な引き出し要求を認めても，取り置きのオプションを導入すれば，取り付けの発生と阻止を，銀行経営の健全性と関連付けて適切にコントロールすることができるのである．

最後に

　本書は，バブルと危機という，金融システムの不安定性を代表する2つの現象を，行動ゲーム理論の視点から考察した．各々の現象を説明する簡易なゲーム理論のモデルを提示して，モデルから得られる理論的説明の有用性を，わかりやすく読者に説くことに主眼をおいた．最後に，本書では触れなかった論点を紹介しておきたい．

　第1章において，レバレッジ駆動型バブルの理論を説明した．レバレッジ規制が緩和されていると，バブルが長期的に維持されやすくなり，しかも，バブルは社会に実害をもたらすことが説明された．

　その一方で，Matsushima (2018a) の後半部においては，同じタイミング・ゲームの応用でありながら真逆の帰結をもたらす解釈が紹介されている．

　投機的投資家は，バブルがクラッシュするリスクに直面しながら，タイミング・ゲームをプレイしている．この場合，もしバブルがクラッシュした際に生じる損失を補填してくれるような金融商品，つまり「Crash-Contingent Claim」と称される Naked Default Swap の一形態があれば，それを積極的に購入してリスクヘッジしようとするだろう．これに対して，余剰資金を抱えるモメンタム投資家は，バブルがクラッシュすることに無頓着であるため，Crash-Contingent Claims を積極的に供給しようとするだろう．

　このようなリスクヘッジを考慮した上でレバレッジ駆動型バブルを再解釈するならば，Crash-Contingent Claims が存在しない本書第1章とは逆に，レバレッジ規制を緩和すると，バブルが持続しにくくなることが理論的に導かれることになる．投機的投資家は積極的に Crash-Contingent Claim を購入するものの，持ち株を売却する前にバブルがクラッシュした場合には Crash-Contingent Claim からの支払いを債務返済に充てなければならなくなるので，クラッシュ前に売却に成功した場合と失敗した場合の利得差が拡大すること

になる．そのため，Crash-Contingent Claim が購入できない場合よりも，早めにタイミングを選択するインセンティブが生まれ，バブルの継続期間を短くするのである．

バブル対策に有用な政策が何かは，Crash-Contingent Claims が利用できるかどうかといった，金融技術の活用の程度に本質的に依存することになる．状況に即したきめ細かい政策判断が必要であると考えられよう．

第2章における取り付けの考察においては，互恵性という社会的選好が明示的に扱われた．互恵性のような社会的選好が戦略的決定に強い仕方で影響を与えると理解される多くの経済学実験結果がある（Fehr and Gachter 2000, Camerer 2003）．これに対して本書では，非常に弱い，辞書式選好の意味での社会的選好しか仮定しなかった．関連する理論としては，Matsushima (2008a, 2008b, 2013)，Dutta and Sen（2012），Ohashi（2016）などがある．これらは，非常に弱い意味で「正直な」態度を表明したいとする動機を考察する研究である．本書は，このようなナイーブな正直選好ではなく，預金者がどのような態度をとるかは銀行経営健全性という立ち入った内容に依存するという意味で，より洗練された社会的選好とされる互恵性を考察するものである．

近年，行動経済学研究において，ビジネスカルチャーが経済行動に及ぼす影響に関心が寄せられている．たとえば銀行員は，リスキーな行動をとらない，自身の利益になる嘘を平気でつくといった傾向が観察されている（Fehr and Gächter 2000, Cohn et al. 2014）．このような傾向は，他の業種では見られないので，金融仲介業者のビジネスカルチャーの持つ特殊性とみなされるようになっている．本書第2章は，このようなビジネスカルチャーの視点にも関連している．第2章の取り組みは，銀行員ではなく預金者が持つべきだと望まれるモラルの在り方について，行動ゲーム理論的視点から考察を与えたと理解することができよう．

数学付録

定理2: 混合戦略プロファイル $\bar{q}$ は唯一の混合戦略ナッシュ均衡である．

証明: 対称な混合戦略ナッシュ均衡は $\bar{q}$ 以外に存在しないことを示す．任意の対称な混合戦略ナッシュ均衡を q とする．(1) より，初期時点0を選択する均衡は存在しないことがわかる．よって，$q_1(0) = 0$ としてよい．

まず，q_1 が連続であることが以下のように示される．連続でないとする．つまりある時点 $\tau' > 0$ が存在して $\lim_{\tau \uparrow \tau'} q_1(\tau) < q_1(\tau')$ である．ならば，時点 τ' よりも少しタイミングを早めることで，勝者になる確率を劇的に高めることができる．しかし，これはナッシュ均衡と矛盾する．

次に，

$$\hat{\tau} = \max \{\tau \in (0,1] : q_1(\tau) = 0\}$$

と定義して，$q_1(\tau)$ は区間 $[\hat{\tau}, 1]$ において増加であることを示す．増加でないとしよう．ならば，ある2時点 $\tau' \in [\hat{\tau}, 1]$ と $\tau'' \in (\tau', 1]$ が存在して，$q_1(\tau') = q_1(\tau'')$ が成立し，しかも，より早い時点である τ' を選択することが最適になっている．しかし，相手は区間 (τ', τ'') のどの時点も選択しないのだから，時点 τ' のかわりに，より後の時点 τ'' を選択した方が，勝者利得が高くなり得なはずである．これはナッシュ均衡と矛盾する．

混合戦略 $q_1(\tau)$ は区間 $[\hat{\tau}, 1]$ において増加であることから，区間 $[\hat{\tau}, 1]$ のどの時点を選択しても最適反応になっていなければならない．よって，区間 $[\hat{\tau}, 1]$ 上で，一階条件 (4) が成立していなければならない．ならば，区間 $[\hat{\tau}, 1]$ 上で，q は $\bar{q}$ と一致している必要があり，しかも $q(\hat{\tau}) = 0$ であることから，$q = \bar{q}$ でなればならない．よって，$\bar{q}$ は唯一の対称な混合戦略ナッシュ均衡であることがわかった．

今度は，$\bar{q}$ が，対称でない混合戦略プロファイルも含めた上で，唯一のナッ

シュ均衡であることを示そう．任意の混合戦略プロファイル $q \in Q$ を考えて，それがナッシュ均衡であるとする．

まず，$q_1(\tau)$ は連続でなければならない．連続でないとする．つまり，ある時点 $\tau'>0$ が存在して，$\lim_{\tau \uparrow \tau'} q_i(\tau)<q_i(\tau')$ である．ならば，相手プレーヤーは，時点 τ' よりも少し早めにタイミングを選ぶことで劇的に勝者になる確率を高めることができる．よって，相手プレーヤーは決して時点 τ' ないしはそれよりすこし後の時点を選択することはない．ならば，当該プレーヤー i は時点 τ' より遅らせても，勝者になる確率をさげないまま，勝者利得を高めることができるはずである．しかし，これはナッシュ均衡と矛盾する．

次に，
$$\tau^1 \equiv \max \{\tau \in (0,1] : q_1(\tau) = q_2(\tau) = 0\}$$
と定義して，任意の時点 t においてタイミング・ゲームが終了している確率を
$$D(t;q) \equiv 1 - [\varepsilon + (1-\varepsilon)\{1-q_1(t)\}][\varepsilon + (1-\varepsilon)\{1-q_2(t)\}]$$
と表す．この時，$D(\tau;q)$ は区間 $[\tau^1,1]$ において増加でなければならない．もしそうでなければ，2時点 $\tau' \in (\tau^1,1], \tau'' \in (\tau',1]$ が存在して，この2点間で誰もタイミングを選ばない．この場合，一般性を欠くことなく，早い方の時点 τ' では，どちらかのプレーヤーはこのタイミングを選ぶと仮定してよい．ならば，どのプレーヤーも時点 τ' でなく，より遅い時点 τ'' を選んだ方が得になるはずである．このことは，時点 τ' が誰にとっても最適な選択にならないことを意味するので，ナッシュ均衡と矛盾する．

さらに，各プレーヤー $i \in \{1,2\}$ について，区間 $[\tau^1,1]$ においては，$q_i(t)$ は増加でなければならない．もしそうでなければ，2時点 $\tau' \in (\tau^1,1], \tau'' \in (\tau',1]$，およびあるプレーヤー $i \in \{1,2\}$ が存在して，この2点間で $q_i(t)$ が一定である．この時，先の議論と同様に，相手プレーヤー $j \neq i$ は，タイミングを遅らせて，この間のタイミングを選択しないことが最適になる．しかし，このことは，$D(\tau;q)$ が増加であることと矛盾する．

以上を踏まえた上で，q は対称でなければならないことが，以下のように

示される．対称でないとしよう．ならば，2時点$\tau'>0$, $\tau''>\tau'$, およびある
プレーヤー$i\in\{1,2\}$が存在して，以下のことが成立しなければならない：

$$q_1(t) = q_2(t) \text{ for all } t\in[0,\tau']$$

(A-1) $$\frac{(1-\varepsilon)q'_i(t)}{1-(1-\varepsilon)q_i(t)} > \frac{(1-\varepsilon)q'_j(t)}{1-(1-\varepsilon)q_j(t)} \text{ for all } t\in(\tau',\tau'')$$

$$\frac{(1-\varepsilon)q'_i(\tau'')}{1-(1-\varepsilon)q_i(\tau'')} = \frac{(1-\varepsilon)q'_j(\tau'')}{1-(1-\varepsilon)q_j(\tau'')} > 0.$$

q_1およびq_2は区間$[\tau^1,1]$において増加であることから，区間(τ',τ'')上のど
の時点においても，両プレーヤーは一階条件（4）をみたしていないといけな
い．つまり，

$$\frac{(1-\varepsilon)q'_i(t)}{1-(1-\varepsilon)q_i(t)} = \frac{(1-\varepsilon)q'_j(t)}{1-(1-\varepsilon)q_j(t)} = \frac{v'(t)}{v(t)} \text{ for all } t\in[\tau^1,1]$$

が成立するべきである．しかし，これは（A-1）と矛盾する．よって，いか
なるナッシュ均衡も対称でなければならない．

Q.E.D.

参考文献

Abreu, D. and M. Brunnermeier (2003): "Bubbles and Crashes," *Econometrica* 71(1), 173–204.

Brunnermeier, M. and M. Oehmke (2013): "Bubbles, Financial Crises, and Systemic Risk," *Handbook of the Economics of Finance*. Amsterdam: Elsevier.

Camerer, C. (2003): *Behavioral Game Theory*, Russel Sage: Princeton.

Che, Y.-K. and R. Sethi (2010): "Credit Derivatives and the Cost of Capital," mimeo.

Cohn, A., E. Fehr, and M. Marechal (2014): "Business Culture and Dishonesty in the Banking Industry," *Nature* 516 (7529), 86–89.

Cooper, R. and T. Ross (2002): "Bank Runs: Deposit Insurance and Capital Requirements," *International Economic Review* 43, 55–72.

De Long, J., A. Shleifer, L. Summers, and R. Waldmann (1990): "Noise Trader Risk in Financial Markets," *Journal of Political Economy* 98(4), 703–738.

Diamond, D. and P. Dybvig (1983): "Bank Runs, Deposit Insurance, and Liquidity," *Journal of Political Economy* 91, 401–419.

Dutta, B. and A. Sen (2012): "Nash Implementation with Partially Honest Individuals," *Games and Economic Behavior* 74(1), 154–169.

Fehr, E. and S. Gächter (2000): "Fairness and Retaliation: The Economics of Reciprocity," *Journal of Economic Perspectives* 14(3), 159–181.

Fostel, A. and J. Geanakoplos (2012): "Tranching, CDS and Asset Prices: Bubbles and Crashes," *AEJ: Macroeconomics* 4(1), 190–225.

Geanakoplos, J. (2010): "The Leverage Cycle," in *NBER Macroeconomics Annual* 24, 1–65, University of Chicago Press.

Green, E. and P. Lin (2003): "Implementing Efficient Allocations in a Model of Financial Intermediation," *Journal of Economic Theory* 109, 1–23.

Harrison, J. and D. Kreps (1978): "Speculative Investor Behavior in a Stock Market with Heterogeneous Expectations," *The Quarterly Journal of Economics* 92, 323–336.

Köszegi, B. (2014): "Behavioral Contract Theory," *Journal of Economic Literature* 52, 1075–1118.

Kreps, D., P. Milgrom, J. Roberts, and R. Wilson (1982): "Rational Cooperation in the Finitely Repeated Prisoners' Dilemma," *Journal of Economic Theory* 27, 245–252.

Kreps, D. and R. Wilson (1982): "Reputation and Imperfect Information," *Journal of Economic Theory* 27, 253–279.

Luce, D. and H. Raiffa (1957): *Games and Decisions*. New York: John Wiley and Sons.

Matsushima, H. (2008a): "Role of Honesty in Full Implementation," *Journal of Economic*

Theory 139(1), 353-359.

Matsushima, H. (2008b): "Behavioral Aspects of Implementation Theory," *Economics Letters* 100(1), 161-164.

Matsushima, H. (2013a): "Behavioral Aspects of Arbitrageurs in Timing Games of Bubbles and Crashes," *Journal of Economic Theory* 148, 858-870.

Matsushima, H. (2013b): "Process Manipulation in Unique Implementation," *Social Choice and Welfare* 41(4), 883-893.

Ohashi, Y. (2016): "Deposit Contract Design with Relatively Partially Honest Agents," *Economics Letters* 146, 21-23.

Rochet, J. and X. Vives (2004): "Coordination Failures and the Lender of Last Resort: Was Bagehot Right After All?" *Journal of the European Economic Association* 2, 1116-1147.

Rosenthal, R. (1981): "Games of Perfect Information, Predatory Pricing, and the Chain-store Paradox," *Journal of Economic Theory* 25, 92-100.

Shleifer, A. and R. Vishny (1997): "The Limits of Arbitrage," *Journal of Finance* 52(1), 35-55.

Simsek, A. (2013): "Belief Disagreements and Collateral Constraints," *Econometrica* 81, 1-53.

Spiegler, R. (2011): *Bounded Rationality and Industrial Organization*, Oxford University Press.

Tirole, J. (1985): "Asset Bubbles and Overlapping Generations", *Econometrica* 53, 1499-1528.

Tirole, J. (2006): *The Theory of Corporate Finance*, Princeton University Press: Princeton and Oxford.

松島斉 (2018):「わかりやすさのための制度設計―ゲーム理論と心理学の融合―」三菱経済研究所.

著者紹介

松島　斉

1983年　東京大学経済学部卒業
1988年　東京大学大学院経済学研究科博士課程修了
　　　　（経済学博士）
1994年　東京大学大学院経済学研究科助教授
現在　　東京大学大学院経済学研究科教授
　　　　エコノメトリック・ソサエティー終身会員
　　　　元・三菱経済研究所研究員

金融システムの行動ゲーム理論
―バブルと危機―

2019年3月27日　発行

定価　本体900円＋税

著　者	松島　斉（マツシマ　ヒトシ）
発行所	公益財団法人　三菱経済研究所 東京都文京区湯島4-10-14 〒113-0034　電話(03)5802-8670
印刷所	株式会社　国際文献社 東京都新宿区山吹町332-6 〒162-0801　電話(03)6824-9362

ISBN 978-4-943852-68-1